KB211441

주일 강단을
제자훈련의
기회로 활용하라

PREACHING with a PLAN

주일 강단을
제자훈련의
기회로 활용하라

제자훈련 중심의 설교계획

스콧 깁슨 지음 | 최우성 옮김

PREACHING with a PLAN

국제제자훈련원

1933년, 캠벨 모건(G. Campbell Morgan) 목사는 런던의 웨스트민스터 채플에서 두 번째 목회를 시작했다. 이때 그는 오르간 반주자에게 **1년 치 설교계획**을 미리 전했다고 한다.

설교계획은 바로 이런 것이다!

나는 이 흥미로운 이야기를, 웨스트민스터 채플의 부교역자로 사역하다가 훗날 모건의 후임자가 된 마틴 로이드 존스(Martyn Lloyd-Jones) 목사에게 직접 들었다. (정확한 근거를 제시하기 위해 오랜 시간을 들여 서재에서 이에 관한 자료를 찾아보았지만, 결국 찾지 못했다.) 물론 설교자가 정해진 설교계획에만 얽매여야 하는 것은 아니다. 모건 목사도 성령의 이끄심을 따라, 상황과 필요에 따라 때때로 지혜롭게 설교계획을 변경했다.

설교는 보통 요새 공격, 양식 공급, 건물 세우기, 가족 돌봄, 정원 가꾸기 등에 비유된다. 그런데 이러한 것들에는 공통점이 있다. 반드시 준비 과정이 있다는 점이다. 설교는 단순히 내용을 잘 정리하는 것이 아니라 다양하고, 흥미로우며, 영양가 높고, 균형 잡힌 '영적 식단'을 공급하는 일이다. 따라서 같은 것을 반복하면 재미없고 지루하며 효과를 거둘 수 없게 마련이다.

프랭크 보어햄(Frank W. Boreham)은 자신의 에세이에서 설교자를 "곱슬머리 사자"로 묘사했다. 이것은 《오즈의 마법사》(The Wizard of Oz)에 등장하는 겁쟁이 사자에 빗댄 표현이다.

만약 설교계획이 어렵게 느껴진다면, 이 책을 만났다는 사실에 감사하기 바란다. 자세히 읽고 저자의 메시지를 가슴에 새기라. 책을 통해 배운 것을 꼭 실천하라. 그렇게 하면 설교에 대한 시야가 전보다 넓어지고, 새로운 각오로 효율적인 목회를 하게 될 것이다. 시간을 들여 설교를 계획한다면, 그 외의 사역에 집중할 수 있는 시간이 오히려 늘어난다.

한 가지 제안을 더 하자면, 이 책에 언급된 저자들에게 관심을 갖고 그들의 책을 찾아 읽어보기 바란다. 설교자인 우리는 곳간에서 "새것과 옛것"(마 13:52)을 꺼내야 한다. 어쩌면 과거의 이론들을 다시 공부해야 할지도 모른다. 때로는 현대적인 이론이 한순간의 현상으로 끝날 수 있고, 수십 수백 년 전에 기록된 내용이 오늘날 우리에게 꼭 필요한 진리가 될 수 있는 법이다.

하나님의 진리를 선포하고 하나님의 사람들을 이끄는 것은 분명 우리에게 주어진 특권이다. 스콧 깁슨의 이 책은 우리가 그 일을 더 효과적으로 할 수 있도록 도와줄 것이다.

워렌 위어스비(Warren W. Wiersbe)
그랜드래피즈 침례교신학대학원 명예교수, 《설교의 정석》(IVP) 저자

제자훈련 중심의 설교를 계획하는 귀한 사역에 한국 목회자들을 초청하고 싶습니다. 예수 그리스도를 믿는 우리는 그리스도 안에서 성숙해져야만 합니다. 이 책은 '신학적·실용적 관점에서 어떻게 설교계획을 세워야 하는가, 성도들을 어떻게 지속적으로 성장시킬 것인가?'라는 고민에 초점을 맞추고 있습니다.

　지난 수십 년간 한국 교회는 놀라운 성장을 거듭했습니다. 저는 멀리서 그 모습을 지켜보며 한국 교회를 향한 하나님의 역사와 복 주심에 진심으로 감사했습니다. 그러나 한편으로는 많은 목회자들이 설교와 제자훈련을 연결 짓는 데 여러 가지 어려움을 겪을 거라는 생각도 했습니다.

　제자훈련은 다양한 모습으로 이루어집니다. 특별히 저는 설교를 통하여 많은 사람들을 그리스도의 성숙한 제자로 키워내는 데 도움을 주고자 이 책을 집필했습니다. 이 책이 목회자들과 성도들에게 유익을 끼쳤으면 좋겠습니다. 주님이 맡기신 양 떼를 그리스도의 온전한 모습으로 성장시키기 위해 끊임없이 노력하는 목회자들에게 조금이나마 격려가 되었으면 좋겠습니다.

이 책을 통해, 하나님의 백성을 섬기는 목회자로서 여러분을 섬길 수 있게 되어 기쁩니다. 모든 분들이 귀한 사역의 동역자가 되기를 바라 마지않습니다.

그리스도의 은혜가 가득하기를 빌며….

스콧 깁슨

모든 설교자는 설교로써 제자를 훈련하고 양육시킨다고 생각한다.

_해돈 로빈슨 설교센터에서 주관한 '설교계획 설문조사'에 참여한 어느 목사

이 책은 설교에 관한 책이다. 단순히 '설교' 자체만 이야기하는 것이 아니라 설교의 목적에 대해서도 다루고 있다. 우리는 왜 설교를 하는가? 우리가 설교를 하는 진정한 의도는 무엇인가? 우리가 말씀 사역을 하는 궁극적인 목적은 무엇인가?

우리는 모든 성도의 믿음을 성장시키기 위해 설교한다. 성도들이 은혜 안에서 성장하고 말씀에 순종하도록 믿음의 역량을 키워주고 싶어 한다. 결국 우리의 목표는 성도들이 그리스도를 닮아가게 하는 것이다. 성도들의 믿음은 성실한 설교계획과 하나님의 말씀 선포를 통해 성숙해진다.

한 가지 주목할 것은 이 책이 충실한 설교뿐 아니라 설교계획에 대한 내용까지 아우른다는 점이다. 나는 목적이 있는 설교계획, 즉 성도들의 영적 상태를 살피고 말씀을 통하여 이들의 믿음을 성장시킬 수 있도록 설교계획을 세우는 것에 대해 이야기하고자 한다.

물론 이것을 혼자 감당할 수는 없다. 우리는 그분의 교회를 세우시는 주님을 전적으로 의지해야 한다. 결국 우리가 추구해야 할 것은 설교를 통한 제자훈련이다. 제자훈련이란, 설교와 교회의 여러 사역을 통해 영적 공급을 받아 자신뿐 아니라 다른 이들과 함께 성장할 수 있는, 온전하고 성숙한 그리스도인을 양육하는 것이다.

오늘날 많은 교회에서 간과하고 있는 중요한 요소가 바로 제자훈련이다. 많은 목회자들이 제자훈련의 필요성과 중요성을 인정하고 이에 대해 설교하기도 하지만, 설교를 포함하여 교회의 모든 사역을 제자훈련이라는 시각에서 바라보아야 한다는 사실은 인식하지 못하고 있다. 어쩌면 '나는 제자훈련의 자세로 이미 사역하고 있는데…'라고 생각하는 사람이 있을지도 모른다. 하지만 **제자훈련**이라는 용어에 대한 이해도는 같아도 실제로 적용하는 모습은 사람마다 다를 수 있다. 제자훈련은 목회자가 해야 할 일의 전부라 해도 과언이 아니다. 사람들이 그리스도를 영접하면, 목회자는 그들을 올바른 길로 이끌며 그리스도의 제자로 양육할 의무가 있다. 설교는 성도의 전반적인 영적 성장에 큰 영향을 미친다. 여기서 중요하게 짚고 넘어가야 할 부분은, '목회자가 과연 설교를 통해 성도들의 삶이 변화되도록 노력하고 있는가?'이다.

우리는 성도들이 성숙한 제자가 되도록 돕기 위해 설교한다. 이것이 바로 설교의 목적이다. 이 책은 이러한 목적을 두고 '어떻게 설교계획을 세워야 하는지'를 제자훈련이라는 시각에서 설명한다. 결국 우리가 설교를 통해 이루고자 하는 목표는 그리스도의 제자들이 성장하도록 돕는 것이며, 이를 위해서는 설교자의 '의도적인' 노력이 필요하다.

1

실제적인 설교신학이 필요하다

모든 성경은 하나님의 감동으로 된 것으로 교훈과 책망과 바르게 함과 의로 교육하기에 유익하니 이는 하나님의 사람으로 온전하게 하며 모든 선한 일을 행할 능력을 갖추게 하려 함이라.

_디모데후서 3:16-17

나는 설교자다. 성도들에게 하나님의 말씀을 전하는 것이 참 좋다. 설교자는 성도들의 믿음이 성장하도록 돕고, 시련을 극복하게 하며, 자신을 괴롭히는 죄악 된 습관에서 벗어나도록 새로운 통찰을 제시한다. 또한 그리스도인으로서 삶의 기쁨을 체험하도록 도전을 준다. 이처럼 성도들을 도울 수 있는 기회가 주어진다는 것은 설교자에게 큰 영광이다.

하지만 내가 설교만 하는 것은 아니다. 단순히 성도들 앞에 서서 이야기하기 위해 설교하지 않으며, 그것만이 설교라고 생각지도 않는다. 그렇다면 설교란 무엇일까? 과연 설교자의 역할은 무엇이며, 하나님께서 주신 소명에 확신을 품고 설교 사역에 임하는 것은 어떤 모습일까?

내가 원하는 것은 실제적인 설교신학이다. 이를 통해 내가 왜 설교를 하는지 깨닫고 싶다. 주일 아침에 단조로운 말투로 웅얼거리는 것이 설교가 아니라는 것쯤은 잘 안다. 해돈 로빈슨(Haddon W. Robinson)의 표현을 빌리자면, 설교는 "다른 사람들의 꿈속에서 이야기하는 멋진 기술"이 아니다. 그렇다고 머나먼 과거, 즉 성경 속에 등장하는 사건에 대한 강의도 아니다. 설교는 분명 그 이상의 '무엇'이다.

내가 바라는 것은 실제적인 신학이다. 순수한 학문으로서의 신학이 꼭 실제적이지 않다는 것은 아니지만, 우리에게는 설교의 준비 과정과 실천, 그리고 설교를 계획하는 것까지 아우르는 신학적 통찰력이 필요하다.

설교에 관한 신학 이론에는 현상론적인 것(phenomenological), 실존주의적인 것(existential), 철학적인 것(philosophical)도 있다. 또한 그리스도 중심적(Christ-centered), 하나님 중심적(God-centered), 구속사적(historical-redemptive) 설교학도 있다. 유형론적(typological), 은유적(allegorical), 그리고 해석학적(hermeneutics) 설교학도 이에 포함시킬 수 있다. 이것이 전부가 아니다. 훨씬 많은 신학 이론이 있다. 그리고 그 이론들은 분명 저마다 실제적인 측면을 가지고 있다.

성경의 절대적인 권위를 인정하지 않는 신학, 즉 성경 말씀보다 개인의 체험을 강조하는 이론도 있다. 어떤 사람은 본인의 신학적·철학적 가정에서 비롯된 정형화된 방법론이나 해석학적인 전제들을 제시하기도 한다. 하지만 그 어떤 신학 이론도 "왜 설교를 해야 하는가?"라는 목적에 대해서는 설명하지 못한다. 어쩌면 설교의 동력이 무엇인지에 대해 생각조차 해보지 않았을 수도 있다. 설교의 목적이 단순히 설교문을 작성하는 것은 아닐 것이다. 설교에 관한 신학 이론 중에는 정작 설교를 듣는 성도들을 간과한 것도 있다. 이를 통하여 설교문을 작성하는 데 필요한 기술을 배울 수는 있겠지만, 설교의 이유와 목적까지는 알기 힘들다.

설교의 목적

아우구스티누스(Aurelius Augustinus)는 설교의 목적을 "설명하고, 덕을 세우며, 설득하는 것"[1]이라고 했다. 이러한 수사학적 요소들도 물론 설교에 필요하다. 하지만 설교자는 왜 설명하고, 왜 덕을 세우며, 왜 설득해야 하는가? 이 질문을 통해 우리는 설교의 목적을 깊이 생각해볼 수 있다.

디모데후서에 나타난, 사도 바울의 설교에 대한 가르침은 예수님의 지상명령을 반영한다. 예수님은 제자들에게 "모든 민족을 제자로 삼아 아버지와 아들과 성령의 이름으로 세례를 베풀고 내가 너희에게 분부한 모든 것을 가르쳐 지키게 하라"(마 28:19-20)고 명하셨다. 사도 바울은 믿음의 아들이자 제자인 디모데에게 자신의 삶을 거울삼아, 어떠한 고난과 시련이 눈앞에 닥쳐와도 설교자로서 말씀을 전하고 제자 삼는 일에 충실하라고 당부한다.

설교는 제자훈련이다. 사도 바울은 디모데에게 교훈과 책망과 바르게 함과 의로 교육함의 모든 근본이 성경임을 강조한다 (딤후 3:16). 여기서 "교훈"은 예수님의 가르침을 뜻하는 것으로, 하나님의 모든 속성과 신비에 대한 올바른 이해를 돕는다. "책망"은 잘못된 믿음을 올바르게 고치는 것이다. 교훈과 책망이 바른 생각을 추구한다면, "바르게 함"과 "의로 교육함"은 올바른 삶을 강조한다. 결국 말씀을 통해 우리의 삶이 변화된다. "이는 하나님의 사람으로 온전하게 하며 모든 선한 일을 행할 능력을 갖추게 하려 함이라"(딤후 3:17). 이처럼 신앙은 지속적으로 성숙해져야 한다.[2]

이를 바탕으로 사도 바울은 디모데에게 때를 얻든지 못 얻든지 말씀을 선포하라고 권면한다(딤후 4:1-5). 설교는 제자훈련의 수단이다. 말씀을 통해 사람들을 하나님의 백성으로 빚어가며, 말씀에 힘입어 세상과 맞서 싸울 수 있는 성숙한 그리스도인으로 키워나가는 것이다.

설교가 제자훈련의 전부는 아니지만 제자훈련에서 중요한 역할을 한다는 사실만은 분명하다. 그러나 그 중요성이 간과되

주일 강단을 제자훈련의 기회로 활용하라

는 경우가 많다. 만약 설교자가 제자훈련의 정신으로 본문을
선택하고, 설교를 준비하고, 원고를 작성한다면, 그의 설교는
틀림없이 지금과 달라질 것이다.

설교를 제자훈련이라는 시각에서 이해한다면, 설교자가 하
는 말은 청중의 마음에 더욱 의미심장하게 전달된다. 설교자에
게 청중(listeners)은 단순히 관중(audience)이나 회중(congregation)이
아니다. 그들은 신앙인이며 예수님을 좇는 제자들이다.

목사를 제자훈련을 하는 사람(discipler)으로 여기지 않는, 위험
한 목회신학이 있다. "물론 내 설교에서 가장 중요한 부분은 제
자훈련이지요"라고 하지만, 그 목사의 설교계획을 살펴보면 제
자훈련보다 **자신의** 관심 분야가 더 많이 반영된 것을 볼 수 있
다. 목회자는 설교를 통해 양 떼를 먹인다. 그러나 많은 경우 설
교를 공연처럼 여긴다. 그래서 목회자의 사역 가운데 설교가
어떠한 역할을 차지하는지 생각하기보다, 설교자의 외모와 목
소리, 전달력에 초점을 맞춘다.

우리의 삶에 예수님의 삶을 반영해야 한다. 예수님은 군중
앞에서 설교하시며 그들의 필요와 아픔을 돌보셨다. "무리를
보시고 불쌍히 여기시니 이는 그들이 목자 없는 양과 같이 고
생하며 기진함이라"(마 9:36).

예수님은 창자가 뒤틀리는 고통을 느낄 만큼 그들의 아픔에
공감하셨다. 우리 역시 성도들의 고통과 아픔을 공감할 만큼
그들의 마음을 잘 알아야 한다. 그들의 영적 체온을 느끼고, 이

세상에서 기쁨과 순종의 마음으로 살아가려면 어떻게 해야 할지 가르쳐야 한다.

스튜어트 브리스코(Stuart Briscoe)는 말했다. "성도들은 주일에 많은 필요와 기대를 가지고 교회에 나온다. 이들의 영적 수준과 취향은 무척 다양하다. 설교자는 각 개인의 필요를 채워줄 수 있는 설교 메뉴를 제시해야 한다. 즉, 성도들을 영적으로 채워주는 말씀의 영양사가 되어야 하는 것이다."[3]

물론 성도들의 영적 수준과 성숙도는 저마다 다르다. 또한 교회 간에도 차이가 있다. 성숙한 회중이 있는가 하면 그렇지 않은 회중도 있다. 무엇을 설교할지 결정할 때 설교자는 다양한 요소를 고려해야 한다. 찰스 스펄전(Charles Haddon Spurgeon)은 "신중한 목회자는 자신의 양 떼를 돌아보고 그들이 처한 상황에 맞게 그들을 대한다"[4]고 했다.

하지만 설교가 제자훈련에서 본질적인 역할을 한다는 사실을 우리가 잊고 있는 것은 아닌가? 어떤 목사는 이 질문에 대해 "성도들은 주일에 찬양을 부르거나 사람들과 교제하기 위해, 아니면 단순히 음악을 들으러 교회에 옵니다. 설교를 들으러 오는 것은 아니죠"[5]라고 답했다. 많은 성도들이 이 말에 동의할 것이다. 한 성도는 "56년 동안 교회를 다녔지만 안타깝게도 저의 영성은 설교와 무관했습니다. 모든 선한 일들은 교회 외부에서 개인적인 만남을 통해 이루어졌습니다"[6]라고 고백했다. 설교자 입장에서는 참으로 비극적인 일이다.

주일 강단을 제자훈련의 기회로 활용하라

심지어 설교가 온전한 제자를 양육하는 데 중요한 역할을 한다는 사실을 망각한 설교자도 적지 않다. 한 목사는 "처음 목사가 되었을 때는 설교를 정말 중요하게 여겼지요. 그러나 지금은 그렇게 생각하지 않아요. 오히려 개인과의 대화를 통해 더 많은 것들이 이루어지고 있어요"[7]라고 말했다.

로리 캐럴(Lori Carrell)은 설교학에 관한 연구를 통해 이런 문제에 우려를 나타냈다.[8] 그녀는 강단과 청중 사이, 그리고 목회자와 양 떼 사이의 교류가 끊어진 것이 분명하다고 지적했다. 이것은 설교자에게 어떤 의미일까? 19세기 설교자 존 컨(John Kern)은 다음과 같이 충고했다.

사람을 연구하고 그들의 심령을 꿰뚫어보라. 그들이 어떤 책을 읽고 어떤 의문을 가졌는지, 빠지기 쉬운 죄는 무엇이며 영적으로 갈망하는 것은 무엇인지, 현재 일어나는 일과 상황이 그들의 마음에 어떤 영향을 주고 있는지 알아야 한다. 그리고 상황에 맞게 적당한 분량과 형태로 설교함으로써 그들을 주님께로 인도하며 진정한 그리스도인으로 살게 해야 한다.[9]

지금은 설교를 위한 실제적인 신학이 절실하게 필요한 때다. 이를 통해 설교자들이 다시금 제자훈련의 사명을 품고 설교할 수 있어야 한다. 이것이 곧 내가 찾던 설교신학이다. 이 과정을 통해 설교자로서 나의 의무가 무엇인지 새롭게 깨달았다. 설교자가 스스로를 제자를 양육하는 사람으로 여기는 순간, 설교의 방법과 내용 그리고 목적이 달라질 것이다.

설교의 역사와 형태

제자훈련 중심의 설교가 무엇인지 이해하려면, 먼저 설교의 역사를 돌아볼 필요가 있다. 그동안 설교는 논증적 설교, 선교적 설교, 교리문답 설교, 교리 설교, 교훈적 설교로 분류되었다. 그리고 설교의 특성상 서로 영향을 주고받을 수밖에 없다. 이처럼 다양한 설교 방식이 목적이 있는 설교계획을 세우는 데 어떻게 기여할 수 있는지는 뒤에서 자세히 설명하겠다.

논증적 설교의 예로 사도행전 7장에 기록된 스데반의 설교를 들 수 있다. 이 설교는 복음의 변증이며, 그 특징은 훗날 선교적 설교의 기초가 되었다.[10] 하지만 이처럼 복음적 성향이 강한 설교는 사람들을 제자의 자리로 부를 수는 있어도 제자로 양육하는 데는 한계가 있다.

선교적 설교는 논증적 설교의 특성을 지니고 있다. 선교적 설교의 비전은 광범위하다. 그리고 복음을 전하고자 하는 열정을 통해 그 비전이 더욱 커진다. 신약성경에 나타난 설교 대부분이 선교적 설교였다. 그리스도와 초대교회의 사명을 선교적으로 해석한 것이다. 이러한 설교는 "하나님의 나라가 다가왔음을 선포했고 동시에 회개와 믿음의 자리로 초청했다".[11] 믿음의 가정이나 성전 뜰, 회당 안에 있는 사람보다는 믿지 않는 세상을 향한 외침이었다. 베드로와 스데반과 사도 바울의 설교처럼, 선교적 설교는 역사에 나타난 하나님의 구속사적 경륜을 증거하고 논증한다.[12]

제자훈련을 목적에 두고 설교할 때, 우리가 가장 관심을 갖는 설교는 교리문답 설교, 교리 설교, 교훈적 설교이다. 교리 설교와 교훈적 설교는 이미 회심한 뒤 그리스도를 영접하고 따르려는 신앙인을 위한 설교이므로 사실 교리문답 설교의 범주에 포함시킬 수 있다. 휴 올리펀트 올드(Hughes Oliphant Old)는 이에 대해 다음과 같이 설명했다.

교리문답 설교는 기독교의 기본적인 교리, 예를 들면 사도신경이나 십계명, 주기도문과 성례에 대해 가르친다. 교리문답 설교는 그 특성상 조직적일 수밖에 없다. …예수님이 오시기 전부터 랍비들은 날마다 성전이나 회당에서 율법에 대한 해석을 체계적으로 가르쳤다. 이 가르침은 미슈나에 처음으로, 그리고 이후에는 탈무드에도 기록되었다. 이 율법에 관한 조직적인 해석은 결코 쉬운 내용이 아니었다. 아울러 예루살렘 학파와 바벨론 학파에서 정립한 이 내용들은 이미 학문적 가치를 인정받았다. 산상수훈에서 볼 수 있듯이 예수님과 제자들도 학문적 토론을 했다. 신약성경의 서신서 중 상당수가 마지막 장을 꽤 많은 양의 도덕적 가르침으로 할애하고 있다. …이는 초대교회 성도들도 그리스도인다운 삶의 방식에 관한 가르침을 매우 중요하게 여겼다는 사실을 명확히 보여준다.[13]

설교의 역사를 고찰하다 보면, 교리문답 설교가 초신자에게 만 적용된다고 생각할 수도 있다. 하지만 교리문답 설교가 꼭 기초적인 내용만을 담고 있는 것은 아니다.[14] 또한 초신자와 신앙이 성숙해가는 성도들을 위한 설교가 단순하기만 한 것도 아니다. 교리문답 설교의 측면에서 보면 교리 설교와 교훈적 설교는 한 명의 제자가 그리스도인의 삶을 깊이 이해하며, 더 풍성하고 성숙한 믿음을 갖게 되는 데 중요한 역할을 한다.

초대교회는 설교를 통한 가르침을 중요하게 생각했다. 아우구스티누스는 교리문답 설교, 다시 말해 '가르침'을 설교의 가장 중요한 역할로 여겼다. 장 칼뱅(Jean Calvin)은 "설교는 기독교에 대해 가르치는 것이다. 그리고 설교의 목적은 신앙인을 교육하는 것이다"[15]라고 주장했다. 다시 말해 교리문답 설교, 교리 설교, 교훈적 설교는 제자를 양육하는 데에 핵심적인 역할을 한다. 윌리엄 칼(William Carl)은 "훌륭하고 심도 있는 교리 설교는 생각을 넓히고, 믿음을 키우며, 영적 체험의 새로운 장을 마련함으로써 속죄나 성육신의 뜻을 가르친다"라고 했다. 그는 이어 "훌륭하고 심도 있는 교리 설교는 성도가 기독교의 교리를 더 깊이 묵상하도록 격려해준다"[16]라고 덧붙였다.

교훈적 설교는 정보를 전달할 뿐 아니라 윤리적인 가르침도 제시한다. 교훈적 설교의 모태라 할 수 있는 교리문답 설교와 마찬가지로, 교훈적 설교는 논리적인 의문을 제시하고, 지식을 전달하며, 듣는 사람의 성숙한 실천을 요구한다. 예수님의 설교를 포함하여 신약성경에 등장하는 설교 대부분이 교훈적 설교의 특성을 지니고 있다.[17]

우리는 제자훈련을 하는 설교자로서 하나님의 말씀으로 제자를 세우고, 성도들을 신앙의 자리로 초대하며, 그들의 믿음이 성숙해지도록 도와야 한다. 이는 바로 교리문답 설교, 교리 설교, 교훈적 설교를 통해 가능하다.

그렇다면 실제적인 설교신학을 제자훈련 중심의 설교에 적용하는 데 도움이 될 만한 요소에는 무엇이 있을까? 다음 여섯 가지를 기억하면 설교준비에 큰 도움이 될 것이다.

사람에게 설교하라

설교자는 설교를 듣는 사람을 회중, 청중, 또는 관중이라 부른다. 설교를 듣는 이들은 실제적인 믿음과 실제적인 필요를 가진 '진짜' 사람들이다. 모두가 그리스도 안에서 성숙해지는 과정 중에 있다. 아직 첫발을 내딛지 못한 사람도 있고 오랜 시간 믿음의 길을 걷고 있는 사람도 있지만, 이들은 모두 숨 쉬며 살아가는 진짜 사람들이다. 그랜트 하워드(Grant Howard)는 "사람은 다양한 정체성과 역할을 통해 자기만의 모습을 갖는다"라고 했다. 그리고 "이러한 특징들을 염두에 두지 않으면 우리의 설교는 정형화된 청중을 향한 일반화된 설교로 돌아갈 수밖에 없다"[18]라고 덧붙였다.

시드니 그레이다누스(Sidney Greidanus)에 따르면 "설교의 목적이 교회를 세우는 것(고전 14:3; 엡 4:11-12)인 이상 설교자는 당연히 교회의 필요에 맞는 설교 본문을 정할 수밖에 없으며, 교회의 필요는 다양한 영역을 포함한다"[19]고 한다.

설교자는 성도들 사이에서 드러나는 구체적인 필요와 약점, 예를 들면 사랑과 기쁨의 결핍 등을 발견할 것이다. 설교자는 그 부분을 다루기 위해 노력할 것이고, 이는 결국 본문 선택의 길잡이 역할을 한다. 더욱이 설교자는 슬픈 일이나 실직과 같은 상황에서 나타나는 개인의 필요를 통해 그 영역을 다루는 본문을 선택할 것이다. 설교자는 이러한 문제들을 피상적으로 다루거나, 반대로 우리가 생각할 수 있는 모든 상황을 그에 따른 '필요' 위주로만 설교하지 않도록 주의해야 한다. 그러나 이 필요가 공동체적으로, 예를 들어 장로들과 함께 말씀을 통해 드러나면 그 영역에 관한 설교 본문을 선택하는 것은 타당하다.[20]

조지 마일스 깁슨(George Miles Gibson)은 이렇게 지적했다. "설교자들이 자주 듣는 비난 중 하나는 사람보다 아이디어에 더 많은 관심을 둔다는 것이다."[21] 하지만 이어서 "회중을 잘 알고 사랑하는 설교자는 설교 때마다 그들을 생각하며 그들의 필요에 따라 설교를 준비한다"[22]라고 격려했다.

수년 전에 메릴 애비(Merrill Abbey)는 설교자가 회중을 전체적으로 이해하면서 개인의 자세한 상황까지 알아야 한다고 지적했다. "설교자는 성도 개개인과 그들이 처한 어려운 상황을 생각할 것이다. 또한 교회 안의 수많은 모임, 그리고 그 안에서 이루어지는 대화와 새로운 시도를 향한 노력, 혹은 새로운 시도의 부재에 대해 생각해보게 될 것이다."[23]

우리는 단지 끝없이 많은 군중을 향해 설교하는 것이 아니다. 진짜 사람들을 향해 설교한다. 사려 깊은 데다가 쉬지 않고 기도하는 설교자는 본인의 설교를 통해 훈련하는 성도들의 영적 체온을 잘 느끼고 있다.

나는 학생들에게 '사역은 사람'이라고 가르친다. 사역은 본인을 위한 것이나 책에서 배운 것 또는 단순히 아이디어에 관한 것이 아닌, 사람을 위한 것이다. 설교자들이 이 사실을 깨닫는 순간, 그들은 실제적인 설교신학을 향한 첫걸음을 내딛게 될 것이다. 기억하라. **우리는 진짜 사람들을 향해 설교한다.**

하나님의 말씀을 먹이라

목회자, 곧 설교자는 자신이 돌보는 성도들에게 영적 영양분을 공급한다. 설교자로서 우리는 성도의 개인적·공동체적 필요가 무엇인지 알아야 한다. 존 헨리 조웨트(J. H. Jowett)는 "여러분은 윤리적 혼돈과 영적인 기근을 막는, 건강한 교회를 지키는 파수꾼이다"[24]라고 격려했다.

우리의 설교를 통해 제자훈련을 받는 성도들은 본문에 대한 표면적 설명 그 이상이 필요하다. 18세기 설교자 존 클로드(John Claude)는 그 사실을 이미 알고 있었다.

간단한 설명과 설교자의 견해를 참고하면 누구나 그 말씀의 대략적인 의미는 알 수 있다. 하지만 그저 말씀을 이해시키는 것만으로는 설교의 목적대로 남을 가르치거나 문제를 해결하거나 의문에 답을 줄 수 없다. 하나님의 지혜로 인도하거나 진리를 세워나가거나 잘못을 책망하고 위로하고 훈계하고 비판할 수도 없으며, 청중의 마음을 하나님의 놀라운 은혜로 채우거나 그들의 영혼이 온 마음과 열정을 다해 경건함과 거룩함을 좇도록 할 수도 없다.[25]

앤드루 블랙우드(Andrew Blackwood)는 이렇게 말했다. "지역적 상황이 어떠하든 지혜롭게 잘 짜여진 설교계획은 성도들이 성경을 더욱 아끼고 사랑하게 해준다."[26] **성도들은 하나님 말씀을 공급받는 일을 목회자에게 의존한다.**

하나님의 사람들을 돌보라

로버트 매크래켄(Robert J. McCracken)은 다음과 같이 조언했다. "자기 자신과 교리, 그리고 성령님이 맡겨주신 양 떼를 돌아보라. 목자의 마음을 가지라." 그리고 이런 말을 덧붙였다. "인간적인 면을 잊지 마라."[27] 왜 그런가? "성도들을 돌보는 것과 설교는 밀접한 관계를 이루고 있기 때문이다."[28] 설교와 제자훈련은 떼려야 뗄 수 없는 관계이다.

설교를 준비하기 위해 수많은 책을 읽다 보면, 목회자는 무의식적으로 설교를 준비하며 그 목적, 즉 자신이 하나님의 사람들을 돌보는 목자라는 사실을 망각하기 쉽다. 목회자는 자신을 위해 기도해야 함은 물론이거니와 하나님께서 맡겨주신 이들을 위해서도 기도해야 한다.

나는 첫 목회지에서 양 떼를 위해 기도하는 것이 무엇인지 생생하게 경험했다. 그 교회는 문제가 많기로 소문난 곳이었다. 교회의 주도권을 놓고 성도들 간에 경쟁과 파벌 싸움이 심각했다. 하지만 동시에 예수님의 제자로 성장하기 원하는 성도들도 있었다. 나는 목자의 심정으로 그들을 품고 기도해야 했다. 그들을 사랑하고 이끌어주고 훈련시키기 위해 하나님께 지혜를 구해야 했다. 나는 성도들의 사진이 수록된 교회 주소록을 찾아 한 사람씩 이름을 부르며 기도하기 시작했다. 거리나 동네 상점, 집이나 교회 모임에서 그들을 만날 때마다 나는 늘 영적으로 삶을 나눌 준비가 되어 있었다.

아울러 나는 설교를 통해 성도들의 영적 필요를 채워갈 수 있었다. 그들에게 무엇이 필요한지 깊이 알아가면서 그것이 곧 내 설교에 반영되었기 때문이다.

학교 수업 시간에도 마찬가지다. 나는 매 학기마다 출석부를 보며 수업을 듣는 학생들을 위해 기도한다. 이를 통해 단순히 교수가 아니라 학생들을 위한 목자로서, 그들과 교실 안팎으로 더 깊은 관계를 맺을 수 있다. 이는 내가 학생들을 진심으로 위하기 때문이다. 우리의 사역지는 언제 바뀔지 모른다. 하지만 그 소명만은 절대로 변하지 않는다. **우리의 소명은 하나님의 사람들을 돌보는 목자라는 사실을 기억하라.**

다름을 이해하라

교회의 모습은 저마다 다르다. 영적으로 성숙한 교회가 있는가 하면, 아직 유아기를 벗어나지 못한 교회도 있다. 해럴드 브라이슨(Harold Bryson)은 "지혜로운 설교자는 사람들이 모인 집단마다 각각의 기질과 성격이 있음을 안다. 교회도 예외는 아니다"[29]라고 했다. 그의 말은 주어진 본문이 갖는 보편적 진리를 특정 교회에 전하지 말아야 한다는 뜻이 아니다. 다만 그 본문이 그 순간, 그 교회에 가장 적합한 말씀이 아닐 수도 있다는 뜻이다.

"모든 교회는 다 같지 않다"라는 말에 많은 목회자가 동의할 것이다. 내 친구 중 한 명은 신학교를 졸업한 뒤 지역의 작은 교회에서 목회를 시작했다. 그는 어떻게 성도들을 이끌고 설교하고 가르치고 사랑해야 할지 배워나갔으며, 그의 사역은 날로 성장했다. 그 교회가 새로운 목회자를 구할 때 신학교를 갓 졸업한 사람을 원했다고 한다. 한 사람을 진정한 목회자로 키우기 위해

서였다. 친구는 그 교회를 통해 좋은 목회자가 될 수 있었고, 그 뒤에 사역했던 다른 교회에도 선한 영향력을 끼쳤다. 사실 친구가 갔던 교회는 다른 교회들보다 성숙한 공동체였다. 공동체 스스로 잘 파악하고 있었으며, 은사와 사명에 대한 이해를 바탕으로 신학교를 갓 졸업한 사역자와 동역할 수 있었다.

반면에, 내가 섬겼던 한 교회는 과거에서 벗어나지 못하고 있었다. 과거에는 성숙한 교회였으나 내가 사역을 시작할 즈음에는 단지 '교회 놀이'를 하고 있었다. 그들의 모습은 유치하기 짝이 없었다. 나는 설교를 할 때마다 반복해서 신앙의 기본을 강조해야 했다. 그들은 지난날의 찬란했던 역사만을 기억할 뿐, 자신이 신앙을 잃어가고 있다는 사실은 모르고 있었기 때문이다. 그리고 이러한 상황이 내 강단의 방향성을 잡아주었다.

내가 섬겼던 또 다른 교회는 전반적으로 중년에 해당하는 영적 수준을 지니고 있었다. 그래서 설교를 통해 좀 더 심오한 신앙의 문제들을 다룰 수 있었다. 물론 어느 교회든 "성도에게 단번에 주신 믿음"(유 1:3)을 향한 소망의 마음을 품어야 한다. 하지만 **지혜로운 설교자는 회중이 저마다 다르다는 사실을 항상 기억해야 한다.**

지혜롭게 본문을 선택하라

시드니 그레이다누스는 영적으로 민감한 사람들에게 설교할 때는 좀 더 주의하여 설교 본문을 선택해야 한다고 주장했다.

설교 본문을 선택할 때 교회의 필요를 염두에 두어야 한다는 사실은 본문 선택이 설교 전에 이루어지는 형식적 단계가 아니라 설교 적용을 위해 중요한 부분이라는 것을 의미한다. 물론 그에 따른 위험도 있다. 성도들의 필요로 인해 설교자가 본문을 왜곡하여 해석할 수 있기 때문이다. 하지만 설교자가 회중의 필요와 동떨어진 본문을 선택하면 그 위험성은 더욱 커지고, 그 결과 성도들의 필요를 채우기 위해 뒤늦은 노력을 해야만 한다. 그러므로 설교 본문은 회중의 필요에 따라 선택해야 하며, 현재의 상황이 본문의 실제 의미를 왜곡하지 않도록 본문에 충실한 설교를 해야 한다.[30]

설교계획을 세운다고 해서 그 설교자의 목표가 제자훈련이 되는 것은 아니다. 마셜 셸리(Marshall Shelley)는 "체계적인 설교계획의 위험성은 목회자가 설교 본문을 골고루 선택하는 것이 곧 균형 있는 설교라고 착각하는 것"[31]이라고 지적했다.

브라이언 채플(Bryan Chapell)은 이처럼 경고했다.

설교자가 개인적인 관심사를 표명하기 위해 본문을 선택했다면 최소한 두 가지를 조심해야 한다. 첫째, 자신의 관심사를 성경 본문속에 강제로 끼워 넣지 말아야 한다. 즉, 설교자가 말하고 싶은 관심사가 성경 본문에 포함되어 있어야 하며, 특정한 주제에 대하여 언급하고 싶은 열정 때문에 성경의 의도를 오용해서는 안 된다. 둘째, 설교자의 개인적인 관심사만 이야기하는 설교는 성도들의 갈급함을 채우는 데 한계가 있음을 인식해야 한다. 그렇지 않으면 설교자는 자신의 취향에 따라 설교를 하는 꼴이 되거나 무의식중에 개인적인 문제에만 초점을 맞추는 결과를 초래한다. 이렇게 되면 성도들의 영적 지식을 넓히거나 그들을 성숙시키는 데 필요한 진리들이 무시될 수 있다.[32]

설교자는 제자훈련을 받으려는 이들의 영적 필요를 채우지 못하고 자신이 걱정하는 문제와 관심 있는 주제들로만 설교하려는 유혹에 빠질 수 있다. 설교계획의 우선순위가 단지 은퇴하기 전에 성경 전권을 설교하는 것이라면 설교자는 성도들의 필요를 그냥 지나칠 수 있다. 성도들이 그리스도 안에서 성숙해지도록 도와야 할 소명을 놓치는 것이다. 너무 많은 설교자들이 자신의 필요와 관심, 그리고 신학적 사상과 선호하는 말씀을 강조하기 위해 설교 본문을 선택한다. 하지만 **설교와 제자훈련의 연관성에 대해 생각하는 설교자라면 지혜롭게 본문을 선택해야 한다.**

제대로 준비하라

이 책은 설교와 제자훈련에 관한 것이다. 나는 이 책을 통하여 설교가 제자훈련에 기여할 수 있다는 생각이 설교계획에 얼마나 큰 영향을 미치는지 이야기하고 싶다. '우리가 돌보아야 하는 양 떼'에 대한 엄청난 책임을 간과하고, 토요일 밤에 벼락

치기로 준비한 설교는 누구에게도 용납될 수 없다. 전자레인지에 데워 먹는 간식으로 만족할 것이 아니라, 성장기에 있는 제자들을 위해 건강에 좋은 만찬을 준비하는 부지런한 설교자가 되어야 한다.

사람들의 마음과 영혼에 양식을 공급할 수 있는 진짜 설교는 한순간에 만들어지는 것이 아니다. 이는 빈 밭에서 익은 곡물을 수확할 수 없는 것과 마찬가지다. 수확하기 전 땅을 일구고, 씨앗을 심으며, 인내로 경작하고, 무엇보다 소리 없이 곡물이 자라는 기나긴 과정을 믿고 지켜보는 일이 따른다.[33]

월터 러셀 보위(Walter Russell Bowie)의 충고를 가슴에 새기라. **제자훈련을 생각하는 설교자는 설교를 제대로 준비한다.**

결론

과연 실제적인 설교신학은 어떤 모습일까? 설교는 제자의 믿음을 성장시키기 위한 교회의 끊임없는 노력 가운데 하나이다. 설교 자체의 중요성도 배제할 수는 없지만, 무엇보다 설교가 어떤 유형이나 구조, 철학, 심지어 신학보다도 그리스도 안에서 성도를 온전하고 성숙하게 빚어간다는 사실에 큰 비중을 두어야 한다. 실제적인 설교신학은 영혼을 소중히 여기고, 그들이 처한 상황을 이해하며, 제자훈련의 관점에서 설교계획을 세우는 것을 강조한다. 지금까지 설명한 내용은 앞으로 이 책을 통해 하게 될 이야기의 기반이 된다. 이제부터 설교와 제자훈련에 관하여 폭넓고 심도 깊은 이야기를 나누어보자.

다양한 설교계획 방법

건강한 몸을 유지하려면 음식을 골고루 섭취해야 하듯이 건강한 회중도
하나님의 말씀을 골고루 공급받아야 한다.
_스튜어트 브리스코(Stuart Briscoe)

어떻게 하면 제자훈련을 염두에 두고 설교할 수 있을까? 과거와
현재의 설교자들이 설교를 계획하는 방법은 우리에게 어떤 영
향을 주고 있는가?

이 장에서는 '성서정과에 따른 설교'(lectionary preaching)와 '연
속 강해 설교'(preaching continuously through books)를 비롯한 다양한
설교법에 대해 알아보고, 설교계획의 문제점은 무엇이 있는지
살펴보겠다.

성서정과에 따른 설교

'lectionary'(성서정과)에서의 'lection'은 '성경 봉독'이라는 뜻이다. 《성서정과》는 유대 회당의 예배를 위해 처음 만들어진 성구집인데, 모세오경이나 선지서, 시편을 포함한 지혜서의 구절들을 모아 1년에 걸쳐 봉독할 수 있도록 구성되었다. 특별히 모세오경은 예배 때마다 읽었다.[1] 회당 예배에서 모세오경과 선지서, 지혜서를 선별하여 봉독하는 것은 예수님의 사역에서도 찾아볼 수 있다. 예수님은 나사렛에서 규례대로 회당에 들어가셔서 선지자 이사야의 글을 봉독하셨다(눅 4:14-30).[2]

초대교회는 회당의 예배 형식을 유지하되 예배를 토요일에서 일요일로 옮기고 말씀 봉독에 중점을 두었다. 특별히 사도들의 말씀 봉독과 설교, 기도와 성만찬이 더해졌다. 순교자 유스티누스(Marcus Junianus Justinus)는 이런 말을 남겼다.

> 주일이라 불리는 날에는 여기저기 흩어져 살던 사람들이 한자리에 모여 사도들이 쓴 서신과 선지서를 시간이 허용할 때까지 봉독한다. 봉독을 마치면 회당장은 읽은 내용을 바탕으로 가르치고 권면한다. 모든 사람이 일어나 함께 기도한 뒤, 회당장이 빵과 포도주와 물을 들고 나와 감사의 기도를 드리면 회중은 "아멘"으로 화답하고 성찬을 나눈다. 참석하지 못한 이들에게는 예배를 마친 뒤 집사들이 직접 성찬 음식을 전달한다.[3]

말씀을 봉독하는 것과 교회의 전례력(liturgical calendar)을 따르는 모습은 16세기 중반까지만 해도 지역마다 차이가 있었다. 그러다가 1563년 트렌트 공의회에서 로마가톨릭교회를 위한 전례력과 성서정과가 정립되었다. 성서정과는 매 주일 서신서와 복음서 두 곳의 말씀을 봉독하게 되어 있었다. 가끔 서신서를 대신해 구약성경의 시편 중 '성전으로 올라가는 노래'(gradual hymn)를 봉독하기도 했다('성전으로 올라가는 노래'는 그 노래를 불렀던 계단[라틴어로 *gradus*]에서 이름을 따왔다). 이러한 형태의 성경 봉독은 제2차 바티칸 공의회까지 약 500년 동안 지속되었다.[4] 이와 같은 설교 형식을 '선택적 읽기'(*lectio selecta*)라고 하는데, 말 그대로 이미 정해져 있는 말씀을 바탕으로 설교하는 것이다.

1969년에는 가톨릭 미사를 위한 새로운 성서정과가 만들어졌다. 이는 매년 성경 봉독의 대부분을 차지하고 있는 공관복음서를 중심으로 하여 3년 주기로 구성되었는데, 구약성경 봉독도 이에 포함되었다. 그리고 주현절 이후부터 성령강림절까지를 '연중 시기'(oridinary time)라 부르기 시작했다. 성서정과가 가톨릭에서 출간되자 1978년 개신교는 "전례력과 이에 따른 성서정과에 대한 의견 일치를 위해" 공동본문위원회(Consultation on Common Texts)를 창설했다. 《공동성서정과》(*Common Lectionary*)가 1983년에 출간되고 곧 《개정공동성서정과》(*Revised Common Lectionary*)가 뒤를 이었다.[5]

《개정공동성서정과》는 각 1년씩, 3주기로 나누어졌다. A(마태

복음), B(마가복음), C(누가복음), 그리고 요한복음 일부가 각 주기에 더해진다. 주일예배마다 복음서와 구약 그리고 서신서와 시편의 말씀을 봉독한다. 이처럼 이미 선정된 4개의 성경 본문이 설교의 기반이 된다. 흥미로운 사실은 가톨릭뿐 아니라 영국성공회, 루터교, 개혁주의 교회에서도 다양한 성서정과를 사용했다는 점이다. 《공동성서정과》가 출간되기 전까지 적어도 59종 이상의 성서정과가 존재했다.[6]

《공동성서정과》를 옹호하는 사람들은 이런 작업을 통하여 설교 자료를 하나로 통일하고, 설교 본문을 주관적으로 선택하지 않도록 도와주며, 방대한 성경을 체계적으로 다루고, 말씀을 "좀 더 진지하게"[7] 바라볼 수 있도록 다양한 교단을 묶어준 교회 일치 운동의 업적을 강조한다. 스티븐 패리스(Stephen Farris)는 "성서정과는 두말할 것 없이 신학적으로 유용하다. 설교자와 회중 모두 성서의 주요 서사와 신학적인 주제를 다루는 폭넓고 다양한 설교 본문을 접할 수 있다"[8]라고 말했다.

하지만 모든 설교자가 성서정과에 호의적인 것은 아니다. 사실 이에 대한 의견이 분분하다. 각 교회에 가장 적합한 설교 본문을 선택하려는 사람이 있고, 부자연스럽고 밋밋하게 짜여 있는 설교 본문을 순서대로 따르는 것에 불편함을 느끼는 사람도 있다. 브라이언 채플은 "개혁주의 교회들은 일반적으로 다양한 이유에서 성서정과의 사용을 거부해왔다"라고 언급하며 다음과 같이 설명했다.

'오직 성경'(*sola scriptura*)이라는 원칙은, 무엇을 설교해야 할지를 오로지 성경만이 결정할 수 있다는 것이다. 이 원칙은 '선택적 읽기'를 반대함으로써 '연속적 읽기'(*lectio continua*)를 실천하게 한다. 매주 본문을 정하다 보면 인간적인 요구에 초점을 맞추게 되므로 순서대로 본문을 선택하는 것(예를 들면 연속 강해 설교처럼 성경에서 한 권을 선택해 연속적으로 설교한다)이 좋다. 이는 곧 다른 날과 비교해 특별히 거룩한 날은 없으며 모든 날이 거룩하다는 사실을 전통으로 확립시키려는 목적이 있다. 한편으로는 가톨릭의 주일 성수를 성례주의 (sacramentalism)의 한 요소로 보고 이에 대항하려는 목적도 있다. 또한 지역 교회 강단에 자율성을 부여하려는 배려 때문이기도 하다. 성령께서 직접 각 교회의 목사들에게 설교에 필요한 신앙적 열정과 안목을 주신다고 믿는 것이다.[9]

성서정과와 구약성경에 관해 시드니 그레이다누스는 "성서정과의 활용은 구약성경을 설교하는 데에 긍정적인 영향과 부정적인 영향을 모두 끼쳤다"라고 주장했다.

성서정과에 구약성경 봉독을 포함함으로써 기독교 예배에서 구약성경을 다루도록 한 것은 분명 긍정적인 영향을 주었다. 포스터 매컬리(Foster McCurley)의 경우, "루터교는 1958년이 되어서야 주일예배 때 구약성경을 봉독하기 시작했다. 그전까지 미국 루터교회에서는 대부분 서신서와 복음서만을 봉독했다"[10]라고 인정했다.

이어서 시드니 그레이다누스는 이렇게 덧붙였다. "구약성경을 읽는다고 해서 꼭 그것을 본문으로 설교한다는 뜻은 아니다. 많은 설교자들이 신약성경에서 설교 본문을 선택한다."[11]

셸리 코크런(Shelley E. Cochran)은 《개정공동성서정과》에 대해 비판했다. 비록 성경 말씀을 포괄적으로 사용하기는 하지만 "성서정과는 본래 해석학적 문서이며, 성경 전체를 포함하는 것도 아니고 정경적 맥락(canonical context)에서 말씀을 제시하는 것도 아니"라는 것이다. 그는 또한 "성서정과는 인간이 만든 것이기 때문에 결국 편찬자의 주관이 반영"되며, 그 결과 "현실적으로 예배 가운데 성경의 많은 부분이 드러나지 않음을 의미한다"[12]고 했다.

설교자는 그 주일의 성경 봉독 본문을 억지로 엮으려 하지 말아야 한다. 그럴 경우, 본문과 관련이 없으며 잘못된 연결 고리들을 만들게 된다. 폴 스콧 윌슨(Paul Scott Wilson)은 "예배 드리러 오면서 시편과 서신서에 어떤 연관성이 있는지 간절히 알고 싶어 하는 성도는 거의 없다. 이것은 설교자에게 필요한 지식이다. 성도들은 하나님을 알기 원한다"라고 말했다.[13]

성서정과의 대전제는 '모두에게 맞는', 제자훈련 중심의 설교가 될 수 있다는 생각일 것이다. 성서정과에 따른 설교가 성도들에게 유익할까? 물론이다. 하나님의 말씀은 절대 헛되이 되돌아오지 않기 때문이다(사 55:11). 하지만 앞에서 언급한 비판에 비추어볼 때, 성서정과가 그 전제만큼 다양한 교회와 사람들에게 도움이 되었는지는 다시 돌아보게 된다.

성서정과를 옹호하는 사람도 그 약점을 인정한다. 한 가지는 목회적 인풋(input)이 제한되어 있다는 것이다. 윌리엄 칼은 다음과 같이 질문한다. "성도들에게 필요한 말씀이 무엇인지는 목회자가 알고 있지 않은가? 성서정과가 심방을 몇 번이나 했는가? 힘든 사람을 몇 명이나 돌보았는가?" 그는 "설교자는 교회력을 따르지 않더라도 성도들의 상황은 알고 있다"[14]라고 덧붙였다. 칼의 이러한 견해는 제자훈련을 위한 설교에서 가장 중요한 부분을 강조해준다. 설교자는 과연 성서정과라는 점(點)들을 어떻게 제자훈련의 필요와 연결시킬 것인가?

칼 바르트(Karl Barth)도 성서정과를 활용하는 데에 불편한 심기를 드러냈다. "초대교회 성서정과에 대한 비판이 많음에도 불구하고, 우리는 자발적으로 정해진 성경 봉독 순서를 따른다." 그는 "굳이 정해진 길만 고집할 필요는 없다"[15]라고 말했다. 존 스토트(John Stott)도 이에 동의했다. "이미 정해진 성서정과를 맹종하는 것은 불필요한 구속이 될 수 있다. 오히려 그날의 주제에 대한 제안과 충고 정도로 생각하는 편이 낫다."[16]

유진 라우리(Eugene Lowry)는 자신의 책 첫 장에서 "수년간 성서정과와 애증의 관계를 이어왔다"[17]고 고백했다. 성서정과를 좋아하든 증오하든 상관없이, 성서정과를 바탕으로 설교하는 것은 분명 정당한 방법이다. 하지만 제자훈련과 청중의 영적 성숙도 측면에서 성서정과가 회중의 필요에 얼마나 민감하게 반응하는지에 대해서는 의문이 남는다. 지금부터는 제자훈련을 위한 설교의 다른 접근법들을 살펴보겠다.

연속 강해 설교

'연속적 읽기'는 정경적 순서대로 성경의 전권을 읽고 설교하는 것이다.[18] 이 방법은 히브리어 성서정과에서 찾아볼 수 있다. 각 회당에서는 예배 때 통독을 통해 모세오경 전체를 다루었다.

연속 강해 설교는 크리소스토무스(Chrysostomus)가 실천한 방법으로, 그는 설교를 통해 신약성경에 있는 거의 모든 본문을 다루었다. 아우구스티누스도 성경의 각 권을 비슷한 방법으로 설교했다. 후에 장 칼뱅도 이 전통을 이어받아 몇 가지를 제외하고는 성경의 각 권을 순서대로 설교했다.[19]

설교법의 역사를 연구한 휴 올리펀트 올드는 이렇게 말했다. "원칙에 따른 강해 설교가 성경을 통독하며 설교하는 방법과 가장 비슷하다고 할 수 있다."[20] 성경을 통독하며 설교하는 방법은 복음주의권의 설교에서 가장 많이 쓰인다. 보스턴의 파크스트리트 교회에서 오랜 기간 사역한 해럴드 존 오켄가(Harold John Ockenga) 목사는 자신 있게 말했다. "1936년 파크스트리트에서 사역을 시작할 즈음, 나는 강해 설교를 했다. 마태복음 1장 1절부터 시작해 21년간 매주 주일예배와 금요예배를 통해 신약 전체를 설교했다."[21]

존 맥아더(John MacArthur)는 "나는 보통 신약을 본문으로 설교하기 때문에 설교계획이 특별히 필요하지 않다"[22]라고 했다. 하지만 자신이 선호하는 설교 형식에 아무리 자신이 있더라도 이런 의문을 제기할 것이다. "나는 과연 내가 훈련시키는 제자들의 영적 상태와 필요에 민감한 설교를 준비하고 있는가?"

휴 올리펀트 올드는 "나에게 연속 강해 설교란 학문적 연구 방법인 동시에, 영적인 모험이자 설교를 향한 열정의 비밀이다"라고 말했다. 성경 통독은 "성경 말씀을 설명하고 적용할 수 있게 함으로써"[23] 강해 설교를 위한 가장 좋은 장을 마련한다. 그리고 파커(T. H. L. Parker)가 말했듯이 강해 설교는 "가장 고전적인 방법으로 오리게네스(Origenes)가 최초 주창자로 알려져 있다". 그 후 장 칼뱅을 비롯한 추종자들이 뒤를 이었다.[24]

다양한 설교 방법

앞에서 설명한 '성서정과에 따른 설교'와 '연속 강해 설교' 외에도 이 두 가지 개념을 적용할 수 있는 다양한 설교 방법이 있다.

교회력을 바탕으로 한 설교
교회력에는 창조부터 성탄까지의 이야기가 그리스도의 삶을 중심으로 들어 있다. 구스타프 빙그렌(Gustaf Wingren)은 "구속사적 역사가 교회력에 압축되어 있다"[25]고 주장했다. 교회력은 대림절, 성탄절, 주현절, 사순절, 부활절, 그리고 오순절 이후로 이어진다.

성인(聖人)들에 대한 추종이 강조되던 중세시대에 들어서면서 교회력에 대한 관심은 점점 더 높아졌다. 하지만 마르틴 루터(Martin Luther)는 훗날 그리스도의 사역에 다시 초점을 맞추었다. "우리는 그리스도가 행하신 다양한 사역을 잊지 말아야 할 뿐 아니라 끊임없이 설교해야 하고, 그 부분을 차례로 설교할 수 있도록 특별한 날을 정해두어야 한다."[26] 이처럼 교회력은 세상의 재탄생을 이야기함으로써 하나님의 구속 사역의 기본 개념을 제시한다.

앤드루 블랙우드는 교회력을, 9월부터 성탄절까지를 "다지는 기간", 성탄절부터 부활절까지를 "모으는 기간", 부활절부터 오순절까지를 "가르치는 기간", 오순절부터 9월까지를 "격려하는 기간"으로 정리했다.[27]

이를 적극적으로 지지하는 보이드 스콧(A. Boyd Scott)은 "교회력은 로마와 캔터베리와 제네바를 초월하는 체계이다"[28]라고 강조했다. 교회력은 특히 설교 본문을 선택하는 데 어려움을 겪는 설교자들에게 편리한 틀을 마련해준다. 데이비드 스틸(David Steel)은 이렇게 고백했다.

첫 사역지에서 6개월을 보낸 후였다. 나는 '하나님의 말씀을 어떻게 나의 부족한 말로 전할 것인가?'보다 '무엇에 관해 설교할지' 정하는 데 더 많은 시간과 고민을 쏟고 있었다. 내가 적절한 구절을 찾을 수 있을까? 적절해 보이는 구절은 참 많았다. 본문을 정할 수 있을까? 성경은 참 다양한 본문으로 가득했다. 어떤 주제를 선택할 것인가? 어떤 교리를 설명할 것인가? 어떤 이단의—내가 그 실체를 밝히기 전에는 아무도 알지 못했던—실체를 폭로할 것인가? 당혹스러울 정도로 많은 주제가 있었고, 다양한 교리가 있었으며, 수천 년의 교회사 속에서 너무나 많은 이단이 생겨났다. 하지만 이처럼 다룰 수 있는 주제들이 많았음에도 불구하고, 모든 일이 생각처럼 잘 풀리지는 않았다. 나는 설교할 구절, 본문, 주제, 교리를 찾는 데 너무 많은 시간을 낭비하고 있었다. 성도들의 필요보다는 나의 취향과 관심사가 설교에 반영되었다. 내 설교에는 너무나 큰 허점이 있었고, 내 설교는 어떤 의미에서도 '하나님의 모든 경륜'을 선포하는 것이라 할 수 없었다. 성도들은 믿음에 관한 체계적인 가르침을 받지 못했고, 나는 머지않아 그들에게서 심각한 영적 영양실조 증세가 나타나리라는 것을 알았다. 간단히 말하자면, 내 설교는 지극히 주관적이고 선택적이었으며, 나와 성도들 중 어느 한쪽도 만족시키지 못했다. 이에 대한 해답을 찾는 데 2년 넘는 시간이 걸렸다. 성도들에게는 훈련이 필요했고, 결국 나는 답을 찾았다. 지금도 나는 전에 언급한, 교회력을 바탕으로 한 성서정과의 유연하고 합리적인 활용에서 그 대안을 발견해가고 있다.[29]

클레벌리 포드(D. W. Cleverley-Ford)는 말했다. "능력 있는 설교자라면 성서정과 혹은 교회력을 보고 자신이 아는 것과 성도들의 현재 필요를 연결시키면서 본인과 청중이 살고 있는 정치적·사회적 배경 또한 간과하지 않는다. 그렇게 함으로써 1년 동안 균형 잡힌 설교를 할 수 있을 뿐 아니라 하나님의 말씀이 일상의 어떤 순간에도 적용된다는 사실을 성도들에게 직접 보여줄 수 있다."[30] 클레벌리 포드의 말은 가치 있는 도전을 제시하며 '과연 그렇게 연결 짓는 것이 가능한가?'라는 의문을 불러일으킨다.

크레이그 로스칼조(Craig Loscalzo)는 "교회력은 변증 설교를 여러 차례 할 수 있는 장을 마련해준다"[31]라고 주장했다. 특히 꽤 많은 불신자들이 교회로 찾아오는 성탄절이나 부활절 기간은, 설교자가 믿음에 대해 이야기하고 그들을 믿음의 장으로 이끌 수 있는 좋은 기회이다.

달력을 활용한 설교

앤디 스탠리(Andy Stanley)는 설교 달력을 부활절부터 사용한다. 봄에는 설교할 주제가 많다. 1년에 한 번 교회를 찾는 방문자들에게 설교할 수 있는 부활절이 있고, 사람들과의 관계를 설교할 수 있는 어머니의 날, 아버지의 날이 있다. 여름에는 다양한 주제를 창의적으로 엮어 설교하고, 가을에는 성도들이 마음을 다잡을 수 있도록 영적 생활에 관한 설교를 한다. 겨울에

주일 강단을 제자훈련의 기회로 활용하라

는 성탄절이 있으며 교회의 사명과 비전에 초점을 맞춘 시리즈 설교를 전략적으로 구상할 수 있다. 2월과 3월에는 성경 중 한 권을 정해 10주 동안 시리즈 설교를 할 수 있다. 부활절이 되기까지 남은 기간에는 '부활절 전(前) 설교'라고 하는, 전도에 초점을 맞춘 설교를 함으로써 성도들이 부활절 예배에 친구들을 초청하도록 권한다.[32]

시리즈 설교

성경 강해 설교를 하는 이들이 있는 반면, 시리즈 설교를 선호하는 이들도 있다. 성경을 이어서 읽는다는 공통점은 있지만, 시리즈 설교는 각 부분으로 나뉜다. 폴 비슬리-머리(Paul Beasley-Murray)는 이렇게 설명했다.

나에게 주일 설교의 핵심은 시리즈 설교이다. 그런 면에서 내 방법은 성서정과를 따르거나 그날의 본문에 따라 설교하기를 선호하는 사람들과는 분명 차이가 있다. 비록 성서정과가 갖는 논리가 있다 하더라도 듣는 이들이 그 논리를 항상 알아차리는 것은 아니다. 성서정과 설교는 '얼기설기 짜여 있는' 경향이 있는 반면, 성경 각 권이나 성경적 주제에 따라 설교할 경우 전반적으로 일관된 설교를 할 수 있다.[33]

시리즈 설교를 계획할 때 주의해야 할 점이 있다. 이 설교는 언제든지 본문을 억지로 끼워 맞춰 선택할 수 있고, 성경 가운데 의도적으로 넘어가거나 피하는 본문이 있을 수 있으며, 본문을 잘못 연결시킬 수도 있다. 이는 성서정과 설교에 대한 비판과 유사하다.

해럴드 브라이슨은 다음과 같이 주장했다. "구약성경 39권 중 단 한 권도 간과해서는 안 된다. 성도들과 설교자 모두 구약성경이 시리즈 설교에서 충분히 강조되고 있지 않다는 데 동의한다. 이론상으로는 그렇지 않지만 적어도 실천적인 면에서는 설교자들이 유대인 성서를 모두 버려야 한다고 가르친, 2세기의 이단자 마르키온(Marcion)을 따르는 것이나 다름없다."[34]

또 하나의 우려는 시리즈 설교가 주제 설교로 이어지고, 주제 설교는 사람들의 문제와 필요에 의존하는 가벼운 설교로 이어진다는 것이다. 설교가 깊은 영적 필요보다 표면적인 문제에 이끌릴 때 문제가 발생한다. 로버트 미카엘슨(Robert S. Michaelsen) 은 미국의 개신교 사역에 관한 연구에서 19세기의 설교에 대해 이렇게 설명했다.

사람과 문제에 대한 민감함은 분명히 설교의 내용과 형태에 영향을 미쳤다. 인간적인 상황에 초점을 맞췄고, 성도들을 자극하는 문제를 다루기 시작했다. 강해 설교는 '삶'의 이슈를 다루는 주제 설교에 그 자리를 빼앗겼다. 비처(Beecher)가 시사적인 내용을 그 시대에 맞게 설교하는 데 선도적인 역할을 했다.[35]

로리 캐럴은 주제 설교의 약점을 지적했다. 설교자들이 "필요하다고 생각하는 주제를 선택하고, 성경에서 이를 뒷받침할 만한 말씀을 골라" 본문으로 선택한다는 것이다. 그녀는 이어서 말했다.

'필요 중심으로' 혹은 '성령께서 이끄시는 대로' 주제를 선정하면 설교자의 선호에 따라 주제가 바뀔 수 있는 가능성 때문에 많은 비난을 받는다. 하지만 청중은 교회가 성서정과를 따른다 하더라도 "설교자들이 자신의 선호에 따라 그 주제를 성경의 거의 모든 본문에 끼워 넣을 수 있다"며 불평한다. 많은 성도들이 설교자에게 하고픈 충고는, "본인 생각만 강조하지 말아달라"는 것이다.[36]

제자훈련을 목표로 삼고 사역하는 설교자는 시리즈 설교의 가치를 잘 이해한다. 시리즈 설교는 융통성 있고, 사람의 필요에 민감하며, 설교자가 목회적인 세심함을 발휘할 수 있게 해준다. 하지만 반대로 설교자들이 틀에 박힌 설교를 하고, 자기 자랑만 하며, 정작 제자들의 훈련에 유익한 주제가 아니라 자신의 관심 분야만 설교하도록 만든다는 위험성도 존재한다. 또한 자칫하면 설교자가 게을러질 수 있다. 대량생산된 시리즈 설교를 인터넷에서 찾아 사용할 수 있기 때문이다. 이와 같이 성도들의 필요와 동떨어진 설교를 하게 되면 성도들은 영적으로 위험한 상태에 빠질 수 있다.

설교계획의 문제점

우리는 다양한 설교계획의 방법을 살펴보고 그것의 장단점도 짚어보았다. 하지만 '설교를 계획하는 것에 대한 반발은 없는가?'라는 주제에 관해서는 아직 다루지 않았다. 가장 많이 듣는 불평 중 하나는 "설교를 미리 계획하는 것이 성령의 역사를 방해한다"는 것이다. 성령은 설교계획을 세울 때나 설교를 준비할 때, 그리고 실제로 설교하는 순간에도 우리에게 역사하신다. 한 설교자는 말했다. "어떤 설교자는 계획된 설교가 성령의 역사를 방해한다고 느낀다. 그러한 관점을 이해할 수는 있지만, 나는 오히려 그것과 반대되는 입장이 옳다고 생각한다. 설교계획을 할 때는 많은 기도가 필요하다. 나는 설교를 준비할 때 진심으로 하나님의 인도하심을 구한다. 설교계획과 원고 준비를 위한 묵상도 깊은 영적 경험의 시간이 된다. 그 과정 속에서 하나님은 강력하게 임재하신다." 그는 다음과 같이 덧붙였다. "계획된 설교는 성령의 역사를 방해하지 않는다. 오히려 복음을 선포하고 그것을 계획하는 데 성령님이 친밀하게 간섭하실 수 있는 기회가 된다."[37]

하나님은 성령의 인도하심을 통하여 설교계획 과정에 함께 하신다. 월터 라이펠드(Walter L. Liefeld)는 이렇게 말했다. "설교하기 일주일 전이든 6개월 전이든 상관없이 설교 주제나 본문을 정할 때 기도로 주님의 인도하심을 구해야 한다는 말은 단순히 경건한 척하기 위해 하는 것이 아니다."[38]

설교를 계획할 때 기도하는 마음으로 온전히 주님의 인도하심을 구하면 그 가운데 성령께서 역사하실 것이라는 확신을 얻을 수 있다. 종합해서 말하면, 설교계획은 꼭 필요한 일이다. 지금까지 언급한 모든 설교계획이 설교자에게 안정감을 주고 길잡이 역할을 한다.

하지만 오히려 그 반대가 될 수도 있다. 성령에 의지한다고 주장하면서 사실은 게으름을 피울지도 모르기 때문이다. 월터 러셀 보위의 말을 들어보자.

마르틴 니묄러(Martin Niemöller)는 한 강연회에서, 자신이 수용소에서 나와 미국으로 갔을 때 오랜 감금 생활로 정신이 지나치게 쇠약해진 나머지 설교와 관련하여 어떤 체계적 계획도 세울 수 없었다고 말했다. 그는 당시에 성령의 역사, 그리고 성령께서 한계에 도달한 사람을 도우시리라는 사실을 믿을 수밖에 없었다고 이야기했다. 니묄러는 말을 잠시 멈춘 뒤 자신의 이야기를 듣고 있는 신학생들을 바라보았다. "이 모든 것이 사실입니다. 하지만 이것을 당연히 여기지는 마십시오. 성령님이 당신이 해야 할 일을 대신해주시리라 생각하지 마십시오. 독일의 어느 복음주의 교회의 종교회의에서, 한 젊은 목회자는 자신이 한 번도 설교를 준비한 적이 없으며 오직 성령님이 자신의 입술에 적절한 말을 부어주실 거라 신뢰한다고 간증했습니다. 잠시 후 한 나이 지긋한 목회자가 이야기할 차례가 되었을 때, 그는 다음과 같이 말했습니다. '우리는 지금 한 젊은 형제가 본인이 해야 할 말을 성령님이 알려주시기 때문에 한 번도 설교를 준비할 필요가 없었다고 말하는 것을 들었습니다. 저의 경우에는 성령님이 단 한 번도 강단에서 말씀하신 적이 없습니다. 아니, 딱 한 번 말씀하셨던 기억이 납니다. 아주 형편없는 설교를 한 뒤 강단에서 내려오고 있을 때, 저에게 딱 세 마디를 하셨습니다. 하인리히, 너는 게으르다.'"[39]

이 책의 연구는, 설교가 신앙인들의 제자훈련에 기여하고 있다는 전제를 뒷받침한다. 설교를 향한 태도는 사실상 설교자가 갖고 있는 기존의 개념이나 설교 구성의 방법론보다 설교를 듣는 성도들과 더 깊은 연관이 있다.

성서정과를 따르든 성경을 통독하는 방법을 활용하든 시리즈 설교를 하든 상관없이, 설교자는 다양한 프로그램을 설교에 적용하는 데 주의를 기울여야 한다. 이러한 계획들은 제자를 세우는 사역에 큰 도움이 되기도 하지만 오히려 방해가 될 수도 있기 때문이다. 성도를 진심으로 생각하는 설교자라면 이러한 설교 방법들을 수용하기 전에 한 단계 더 나아가, 자신이 처한 설교 환경이 얼마나 적절한지 검토해야 한다. 한 가지로 모든 상황을 만족시킬 수 없다는 사실을 기억하라. 설교 프로그램을 정확히 평가하려면 설교 환경을 자세히 검토해야 한다. 이것이 바로 제자훈련에서 설교의 역할을 이해하는 다음 단계이다.

주일 강단을 제자훈련의 기회로 활용하라

결론

로버트 매크래켄은 다음과 같이 말했다. "우리가 인상 깊게 느낀 것에 대해 설교해서는 안 된다. 우리는 철학자도, 에세이 작가도, 논평가도 아니다. 설교에는 진리가 담겨 있어야 하며, 우리는 그 진리를 알기 위해 부단히 노력해야 한다. 믿음에는 법칙이 존재한다. 바로 우리가 믿음을 설명할 수 있어야 한다는 것이다."[40]

설교자에게는 설교를 통해 제자훈련을 해야 할 책임이 있다. 이것을 기억하라. 그리고 그에 맞는 계획을 세우라.

3

무엇이 설교계획을 어렵게 하는가?

그를 걱정하게 한 것은 매일의 바쁜 일상이 아닌, 그의 설교였다.

_잰 캐런(Jan Karon)

잰 캐런의 《미트포드 이야기》(*At Home in Mitford*, 문예출판사)에 등 장하는 신실한 목회자 팀(Tim)처럼 모든 설교자는 자신의 설교 를 걱정한다. 눈앞에 닥친 것부터 이후에 해야 할 것까지, 설교 자는 설교에 대해 생각하느라 많은 에너지를 소비한다. 무엇을 어떻게 이야기할지 고민하고, 설교를 준비하기 위해 공부하며, 공부하기 위해 **시간을 쪼갠다**. 또한 중요한 이야깃거리를 찾고, 사람들이 그 이야기를 어떻게 생각할지 고민한다.

설교는 목회자의 삶 중심에 있다. 설교를 좋아할 수도, 그렇

지 않을 수도 있지만 그와 상관없이 우리는 설교를 한다. 설교
는 사람들이 우리에게 기대하는 것, 즉 '하나님의 양 떼를 먹이
는 일'이다. 하지만 어떻게 양 떼를 먹일 수 있는가? 이 장에서
는 설교계획에 대한 설교자들의 태도와 설교계획을 방해하는
요소가 무엇인지 살펴보고자 한다.

설교계획에 대한 목회자들의 생각

한 새내기 설교자가 설교계획의 어려움을 이야기했다. "사역을
한 지 2년밖에 안 되었지만 설교계획을 몇 달 전에 세워놓을 필
요가 있다는 것을 이미 깨달았다." 이 초보 설교자는 "사역자에
게 가장 필요한 도구는 시간 관리"[1]라고 고백했다. 사실 이 이
야기는 약 50년 전에 있었던 일이다. 당시 그는 설교계획과 시
간 관리에 어려움을 겪고 있었다. 그리고 이와 같은 어려움은
오늘날의 설교자들에게도 이어지고 있다.

고든콘웰 신학교의 해돈 로빈슨 설교센터에서 설교계획에
관한 몇 가지 흥미로운 설문 결과를 내놓았다. 신학교를 갓 졸
업한 사람을 비롯하여 많은 새내기 목회자들이 설교계획으로
고군분투하고 있었다. 설문조사에 참여한 꽤 많은 목회자가 설
교하기 일주일 전부터 설교를 계획한다고 응답했으며, 많은 경
우 "설교하기 며칠 전"에 한다고 고백했다.

주일 강단을 제자훈련의 기회로 활용하라

이와 비슷하게, 에드먼드 존스(Edmund Jones)는 설교준비에 관한 그의 연구에서 스코틀랜드의 위대한 설교자, 가십(A. J. Gossip)의 이야기를 인용하며 재치 있는 설명을 덧붙였다. "가십은 그가 어떻게 그리스도를 만났고 주일에 강단 계단을 오르면서 그날 설교할 메시지를 받았는지 이야기한다. 하지만 그도, 하나님도, 보통 그렇게까지 설교준비를 미뤄두진 않았다."[2]

설교센터의 설문 결과에 따르면, 경력이 6년 이상인 목회자들은 설교하기 4~6개월 전부터 설교계획을 세우거나 '1년 계획'을 세우고 있었다. 그들 중 제임스 로즈(James Rose)는 '1년 계획'을 세우라고 조언했다.

내 메시지의 탄생은 설교하기 1년 전부터 시작된다. 우선 그해의 설교 달력을 작성한다. 일주일 동안 이 달력을 작성하는데, 여기에는 설교 제목, 큰 주제, 각 설교의 본문이 포함된다. 그리고 1년 후 그날에 설교할 본문을 중심으로 말씀을 묵상한다. 최대 한 장당 2시간을 투자한다. 실제로 설교하기 열흘쯤 전에는 미리 묵상했던 내용을 다시 꺼내 보면서 그 설교를 위해 모아둔 자료를 한 파일에 정리해둔다. 자료를 훑어보는 데 약 1시간이 소요된다. 설교하는 주에는 17~22시간 정도를 들여 준비한다. 물론 각 설교마다 들이는 시간은 조금씩 달라진다.[3]

때로는 독특한 설교 방법도 찾아볼 수 있다. 이는 그 설교자의 성격과 관점을 반영한다. 텍사스 주 달라스의 유명한 침례교 설교자 크리스웰(W. A. Criswell)은 이렇게 선언했다. "18년 동안 성경 전체를 처음부터 끝까지 설교했다. 창세기 1장 1절부터 요한계시록 마지막 구절까지 빼놓지 않고 설교했다. 저녁 예배 설교는 그날 오전에 설교한 바로 다음 구절부터 시작한다. 이처럼 매 주일 오전과 저녁 예배 때마다 나는 성경의 메시지를 따라 설교했다."[4]

설교자이자 작가인 해럴드 피케트(Harold Fickett)는 시리즈 설교의 중요성을 강조했다. "나는 지금까지 시리즈 설교를 하고 있다. 예를 들면, 1963년 1월 첫 주일부터 그해 7월 둘째 주일까지 종려주일이나 부활절 같은 특별한 경우를 제외하고는 매 주일 오전 예배와 저녁 예배, 그리고 수요예배를 통해 '침례교인들이 믿는 것은'이라는 주제로 설교했다."[5]

역사학자 호턴 데이비스(Horton Davis)는 영국 설교자들에 관한 자신의 연구에서, 캠벨 모건의 설교에 관한 접근법에 대해 이렇게 설명했다. "(그는) 성경 말씀을 책별로 자세히 설명하고 분석하고 적용하는 데 달인이었다. 때때로 성경에 나오는 인물들에 대해 설교하기도 했다."[6]

어떤 설교자들은 설교계획을 할 때 근시안적인 경향을 보이기도 한다. 존경받는 설교자 마틴 로이드 존스는 서신서 설교를 선호했다. 그는 무려 14년 동안 로마서를 본문으로 설교했다.[7]

청교도 배경의 설교자들도 설교계획을 중요하게 여겼다. 그

주일 강단을 제자훈련의 기회로 활용하라

들의 가장 두드러진 특징은 "말씀의 단어와 구절을 마치 하늘의 금광에서 금 조각을 캐내듯이 자세히 다룬다는 것이다. 존 오웬(John Owen)의 히브리서 강해 분량은 폴리오, 즉 2절판으로 네 권이나 된다".[8]

어떤 설교자들은 달력에 의존해 설교를 계획하는 방법을 사용하기도 한다. 마틴 틸렌(Martin Thielen)은 다음 방침을 따른다. "나는 설교를 계획하는 데 일곱 가지의 자료, 특히 여러 달력에 의존한다. 교회력, 일반 달력, 교회 달력, 교단 행사 달력, 개인 달력, 시리즈 설교, 기타 계획하지 않은 설교이다."[9]

휴스턴에서 목회하는 에드 영 목사는 설교계획에 독특한 전략을 사용한다. "우리는 폭넓고 현실적인 주제를 다룬다. 가족, 인간관계, 독신, 인격, 결혼 생활, 비전과 핵심 가치관, 그리고 성경 각 권이나 인물 등이 있다. 한 해 동안 전하는 설교에 각 분야를 다루는 시리즈 설교가 모두 포함된다. 또한 특정 성도 층을 위해 전략적 포인트를 둔다. 그러므로 성도들의 교회 출석 형태를 감안하여 설교계획을 세운다."[10]

많은 설교자가 설교계획을 수립하는 데 성서정과를 활용한다. 성서정과를 옹호하는 목회자 클리프턴 블랙(C. Clifton Black)은 "로마가톨릭교와 개신교의 설교 현황을 보면 알 수 있듯이, 성서정과 설교는 앞으로도 지속될 것이다"[11]라고 말했다. 그리고 많은 설교자가 이에 동의한다. 특히 주류 교단에 소속된 목회자들이 그렇다. 설교센터의 설문조사에 따르면 응답자의 5퍼센트가 성서정과를 사용한다고 답했고, 그들 대부분은《최신개정공동성서정과》(*New Revised Common Lectionary*)를 사용했다.[12]

설교자는 설교를 계획할 때 다양한 방법을 선택한다. 설교계획에 총력을 기울이는 설교자가 있는 반면, "언젠가 나도 그렇게 될 것이다"[13]라고 말하는 초년 설교자들도 있다. 그러면 설교자가 설교계획을 세우는 데 가장 방해가 되는 요소는 무엇인지 살펴보자.

설교계획의 장애물

자신에게 조금만 솔직해지면, 우리에게는 더 나은 목회자와 더 계획적인 설교자가 되고 싶은 마음, 그리고 성도들에게 균형 잡힌 영의 양식을 공급하고자 하는 마음이 있다는 사실을 인정하게 될 것이다. 하지만 일상과 사역 속에서 벌어지는 일들이 이를 방해한다. 처리하기 벅찰 만큼 수많은 장애물에 직면하며, 때로는 단순히 무엇을 해야 할지 막막한 경우도 있다. 사역은 힘들다. 목회자의 일은 다른 직업과 많이 다르다. 하지만 분명 우리가 해야 할 일이고, 그 일 중심에는 설교가 있다. 우리는 거의 매주 설교를 한다. 우리가 설교자로서 설교를 계획할 때 직면하게 되는 문제점이 무엇인지 살펴보자.

주일 강단을 제자훈련의 기회로 활용하라

자신의 문제

〈포고〉(*pogo*)라는 오래된 만화에 이러한 표현이 나온다. "우리는 적을 만났고, 그 적은 바로 우리 자신이다."[14] 설교자가 마주하는 가장 큰 장애물도 마찬가지다. 설교자는 자기 자신과 충돌하며 스스로를 방해한다. 상당수의 경우 우리는 설교계획을 세울 준비가 되어 있지 않다. 우리는 "내가 하고 싶은 것, 해야 하는 것을 할 시간이 부족하다"라고 불평할지 모른다. 물론 틀린 말은 아니지만 시간 부족은 설교자만 느끼는 현실이 아니다. 선생님부터 공장 노동자, 교회 수석 부목사에 이르기까지 모든 사람이 '시간이 좀 더 있었으면' 하고 바란다. 설교자에게 주어진 시간은 보통 사람들과 동일하다. 그렇다면 주어진 시간을 잘 활용하는가 아닌가의 문제이다.

영적으로 준비되지 않았을 수도 있다. 개인적으로 영적 어려움에 직면했거나 교회 안에서 시험을 겪고 있을 수도 있고, 목회자로서 스스로 바라는 영적 수준에 미치지 못할 수도 있다. 어쩌면 본인의 게으름 때문에 영적으로 준비되지 않았을 수도 있다. 사역을 할 때 요구되는 여러 가지 일들 때문에 영적 피로감을 느낄 수도 있다. 만약 이런 경우라면 주님이 우리의 삶을 통해 하시는 일은 물론, 자신이 양육하는 이들의 삶 가운데 나타나시는 주님의 역사도 파악하기 어렵다. 월터 러셀 보위는 "설교를 준비하는 데 게으른 사람은 목회자에게 최선을 기대하는 성도들을 모욕할 뿐 아니라, 공부하고 해석해야 할 말씀과 진리의 주인이신 하나님을 모욕한다"[15]고 주장했다.

이와 더불어 설교자의 학문이 얕은 수준일 수도 있다. 교육 부족은 정말 심각한 문제이다. 정식 신학 교육을 받은 설교자라면 배운 것을 설교준비에 쏟아부어야 할 책임이 있다. 필요한 교육을 받지 못한 목회자는 부족한 도구로 성경 말씀을 이해해야 하는 어려움이 있다. 이처럼 학문이 얕은 목회자의 문제는 교회가 오랫동안 겪어온 어려움 중 하나이다. 어떤 이들은 정식 교육을 받지 않은 것을 오히려 명예롭게 여기기도 한다. 하지만 이러한 설교자는 일정 수준을 넘는 설교를 할 수 없다. 우리의 얕은 지식은 우리가 가르치는 사람들을 통해 반영된다. 성경은 목회자들이 "가르치기를 잘해야"(딤전 3:2) 한다고 명확하게 말한다. 어쩌면 당신은 충분한 훈련 없이 목회의 자리로 떠밀려갔을지도 모른다. 만약 그렇다면 지금이라도 필요한 훈련을 받아야 한다. 무슨 수를 써서라도 하나님 말씀에 대한 이해를 넓혀야 한다. 가르치는 이들은 더 엄한 심판을 받기 때문이다(약 3:1).

지루함 혹은 분주함

목회자가 사역을 하다 보면, 사역 기간과는 관계없이 지루함을 느낄 때가 있다. 단조로운 사역 일정, 설교, 성경 공부, 상담, 지역사회 행사 참여 등을 반복하다 보면 일상이 밋밋하고 지루해진다. 우리가 무엇을 하는지, 그것을 왜 하는지 잊은 채 습관적으로 일하게 된다. 이런 지루함은 자기가 받은 소명의 본질과 목적을 그르치게 할 위험이 있다. 영적 피로는 독성이 있어서 설교의 효율성과 목회의 민감성에 해를 끼친다. 빌립보서 2장 4절의 말씀처럼 다른 이들의 이익을 돌아보는 것이 아니라 지루함으로 인해 자기중심적이고 이기적으로 변하게 된다.

설상가상으로, 만약 설교자가 사역에 지루함을 느낀다면 그는 소명 의식을 잃을 수도 있다. 지루함의 연쇄반응으로 복음을 전하는 사역자의 근본인 소명 의식까지 흔들릴 수 있다는 사실은 비극이 아닐 수 없다. 하지만 분명 일어날 수 있는 일이다. 이때 가장 큰 피해자인 성도들은 목회자의 설교와 인격이 변하는 것을 보면서 그리스도와 교회를 향한 그의 헌신이 줄어들고 있음을 알게 된다.

목회자는 반복적인 사역에서 지루함을 느낄 뿐 아니라, 교회나 사역에 갇혀버린 듯한 답답함까지 느낀다. 이 감정은 목회자를 지치게 하고 열정을 거두어버린다. 그리고 이러한 현상은 목회자가 성도들이 그리스도 안에서 성장하는 데 필요한 것이 무엇인지 볼 수 있는 능력을 제한한다.

덫에 걸린 것 같은 느낌과 정반대되는 것은 분주함이다. 설교자는 숨 고를 겨를도 없이 계속해서 움직인다. 끝없는 회의와 지역사회 모임, 성경 공부와 병원 심방 등으로 쉴 새 없이 바쁘다. 이 바쁜 일상에서 목회자는 자신을 돌아보고 성도들을 돌볼 여유가 없다.

건강과 감정적 상태

건강은 목회자에게 큰 영향을 미칠 수 있다. 우울증, 당뇨병, 갑상선 질환, 소아지방변증(celiac disease), 그리고 그 외의 만성질환은 설교자를 지치게 할 수 있다. 건강상의 문제는 사역을 더 어렵게 만들고 임무 수행을 힘들게 한다. 에너지 부족이 생산성을 저하시키기 때문이다. 이때 우리가 다른 사람들과 실적을 비교한다면, 오히려 더 많은 일을 해야 할 것 같은 부담과 함께 패배 의식을 갖게 될 수도 있다.

만성질환이 없다 하더라도 우리는 건강을 돌보고, 올바른 식습관을 지키며, 병에 걸리지 않도록 충분한 휴식을 취해야 한다. 건강이 나빠지면 설교자는 엄청난 부담을 안게 된다. 과체중이 되면 건강에 전반적으로 적신호가 켜지고, 그것은 결국 우리의 사역에 영향을 미친다.

우리는 건강함으로써 우리의 설교를 듣는 이들에게 모범을 보여야 한다. 건강관리를 게을리한다면 우리 몸은 청중에게 말씀을 전하는 데 방해가 되고, 우리는 그들의 필요를 효과적으로 채우지 못하게 된다.

정신적인 안정과 건강을 유지하는 것도 중요하다. 사역은 사람과 하는 것이기 때문에, 아름다운 퀼트나 멋진 식탁처럼 완성된 작품을 보기는 어렵다. 그 대신 갈기갈기 찢어진 삶에 매듭을 지어주고 하나님의 은혜를 구하는 기도를 하게 된다. 그러니 사역자들이 의욕을 잃는 게 당연할지도 모른다.

주일 강단을 제자훈련의 기회로 활용하라

많은 목회자가 인정받지 못한다고 느끼는데, 그들이 그렇게 생각할 만한 이유도 분명히 있다. 젊은 부부의 결혼식 주례를 해주기로 약속한 짐의 이야기가 그 좋은 예이다. 짐은 결혼 전에 상담도 해주고, 4시간이나 걸려 결혼식 장소에 도착했다. 리허설을 인도하고 그날 저녁 모텔에서 하룻밤을 지냈다. 다음날, 그는 결혼식을 마치고 집으로 돌아와 주일 오전 설교를 했다. 젊은 부부가 신혼여행을 떠난 뒤 짐은 자신이 백미러 안에 남겨진 듯한 느낌을 받았다. 감사의 편지도, 전화 한 통도 없었다. 그들은 그 뒤로 단 한 번도 연락을 해오지 않았다. 짐은 자기 돈과 시간을 들여 결혼 주례를 맡았고, 심지어 작은 선물까지 주었다. 모두 목회자 사례비에서 지출된 것이었다. 그는 무언가 속은 듯했고 무시당한 느낌이 들었다.

이러한 기분이 들기 시작하면 목회자는 성도들을 방해꾼이나 심지어 적으로 보기 시작한다. 성령의 열매의 부재는 차치하더라도 상처가 되는 말, 비현실적인 기대, 그리고 예의 없는 행동은 설교자의 관점을 왜곡하고 성도들의 필요를 볼 수 있는 능력을 저하시킨다.

인정받지 못할 때 목회자는 목적을 상실하고 희망을 잃는다. 마틴 목사는 교회 성도인 빌과 수와의 관계에서 문제가 계속되어 기운이 빠졌다. 교회는 오래 다녔지만 그들은 어린아이 같은 신앙생활을 하고 있었다. 갈등 상황을 오히려 즐겼고, 소극적이지만 적대적인 행동을 했다. 다른 성도들과 악의에 찬 험한 말로 대화를 나누고 메일을 보냈다. 마틴은 4년 동안 문제를 해결하기 위해 노력했지만, 주일 출석 인원이 50명에서 500명으로 성장하는 동안에도 빌과 수는 끊임없이 문제를 일으켰다. 마틴은 장로들이 자신에게 힘을 실어준다는 느낌을 받지 못했고 어찌해야 할지도 몰랐다. 매우 지친 그는, 과연 이 어려움을 겪으면서까지 계속 사역을 해야 할지 고민했다. 마틴은 더 이상 교회 안에서 하나님의 역사하심에 대한 큰 그림을 보지 못했다. 그는 희망이 없다고 느꼈다.

영적인 메마름

설교자의 사역과 영적 생활이 동시에 이루어지지 않으면 교회의 전반적인 상태를 이해하고 설교를 계획하는 데 문제가 따를 수 있다. 목회자들은 영적으로 메마른 시기를 겪기도 한다. 그의 삶에 무미건조한 계절이 닥쳐온 것으로, 이때는 타인에게 나누어줄 것이 거의 없다. 이 메마름은 목회자 본인의 신앙생활이나 사역에서 오는 지루함 때문일 수 있다. 또한 죄로—개인 생활에서 짓는 죄 또는 교회 생활에서의 죄—인한 것일 수도 있다.

로스는 자신이 설교를 할 때 왜 핵심을 전달하지 못하는지, 교회 리더들과 왜 계속 갈등을 빚는지, 사역의 모든 부분이 왜 어긋나는지 이해할 수 없었다. 하지만 마음속으로는 그 이유를 알고 있었다. 다만 인정하고 싶지 않을 뿐이었다. 그는 포르노에 중독되어 있었고, 시간이 지나자 교회 사무실에서도 포르노를 보기 시작했다. 기도하고 설교를 준비해야 할 시간에 로스는 죄의 사막을 헤매고 다녔던 것이다. 로스는 자신의 멘토와 허심탄회한 대화를 나누고 나서야 조금씩 변화될 수 있었다. 그는 영적으로 메마른 곳에서 많은 시간을 허비한 것을 회개했다. 그제야 그는 자신의 삶과 교회를 통해 하나님께서 이루고자 하시는 비전을 볼 수 있게 되었다.

보여주기 위한 설교

설교자는 설교의 공연적인 측면이 복음 사역에 방해가 되더라도 그냥 두고 싶은 유혹에 빠진다. 우리는 평소의 자신과는 다른, 사람들이 선호하는 모습으로 설교하고 싶은 충동을 느끼기도 한다. 그리고 그럴 때마다 사람들의 비위를 맞추려고 노력한다. 19세기 설교자 고든(A. J. Gordon)은 공연에 치우친 설교를 "도덕적 표절"[16]이라 불렀다. 설교를 공연이라고 생각하는 설교자는 자기 자신을 드러낸다. 관심의 중심에 있기를 원하기 때문이다. 그들은 듣는 이가 아닌 자신의 유익을 위해 흥미 위주의 설교를 한다.

에드윈 바잉턴(Edwin Byington)은 촉망받던 한 설교자에 대하여 이런 기록을 남겼다. "사람들은 그의 설교를 듣기 위해 벌떼처럼 모여들었다. 사람들은 그의 뛰어난 말솜씨에 감동했고, 그는 사람들의 마음을 움직일 수 있었다. 자신도 그 사실을 알고 있었다. 어느 순간, 이 모든 것은 매우 자연스러운 일이 되었다. 그는 장래가 촉망되는 젊은 설교자였지만, 안타깝게도 그 명성은 오래가지 못했다. 그의 설교는 보기 좋은 공연과 같았다. 주님이 아니라 자신의 능력에 의존했고, 이는 그 교회가 원하는 설교자의 모습이 아니었다."

바잉턴은 이 문제를 "어빌리타이터스"(abilititus)라고 명명했다. 자신의 능력에만 의존하여 사람들의 호감을 사고자 하는 질병이라는 뜻이다.[17]

성도들의 호감을 사려는 마음

설교자도 사람이다. 그저 보통 사람이다. 누구나 마음속으로는 다른 사람들의 호감을 사기 원한다. 때로는 그 욕구가 너무 커져 스스로의 신념을 깨뜨리기도 한다. 사람들의 반감을 사지 않기 위해, 성경 말씀 본래의 의미를 순화하여 설교하고 싶은 마음도 생긴다. 성도들의 마음을 언짢게 하지 않기 위해 특정 본문은 기피한다. 우리의 불안 때문에 성도들이 성장할 수 있는 기회를 우리가 빼앗는다. 성도들이 자신의 삶 가운데 있는 문제들을 이겨낼 수 있게 이끌어주기보다는 관계를 해치지 않는 쪽을 선택한다. 일자리를 잃을까 봐 두려워서, 혹은 재정적인 안정감을 놓치기 싫어서 하나님의 말씀을 통해 성도들이 꼭 배워야 할 것들을 가르쳐주지 않는다.

많은 설교자들이 성도들에게 영양가 있고 도전이 되는 말씀

을 먹이기보다, 고의든 아니든 결국 그들이 원하는 것을 주게
된다. 바울이 말씀을 제대로 전하지 않을 때 일어날 일들에 대
해 디모데에게 경고한 것처럼, 우리와 성도들도 그와 비슷한
상황에 빠지게 되는 것이다.

때가 이르리니 사람이 바른 교훈을 받지 아니하며 귀가 가려워서
자기의 사욕을 따를 스승을 많이 두고 또 그 귀를 진리에서 돌이켜
허탄한 이야기를 따르리라 그러나 너는 모든 일에 신중하여 고난
을 받으며 전도자의 일을 하며 네 직무를 다하라(딤후 4:3-5).

스스로에게 던져야 할 질문은 '우리가 설교를 준비하는 동안
겪는 어려움은 무엇인가?'이다. 자신을 돌아보며 하나님께서
원하시는 목회와 설교를 하는 데 방해되는 요소가 무엇인지 살
펴보아야 한다. 하나님의 사람들을 먹이는 일을 방해하는 요소
중 당신이 벗어나야 할 것은 무엇인가?

교회의 어려움

자신을 돌아보고 성도들에게 말씀을 먹이는 데 방해가 되는
것이 무엇인지 파악하고 나면, 우리는 이제 거울을 내려놓고
교회와 우리가 처한 상황 그리고 하나님께서 부르신 사역의 자
리를 돌아보아야 한다. 설교를 효과적으로 계획하는 데 방해가
되는 사각지대는 어디인가? 함께 살펴보도록 하자.

듣는 사람에 대한 이해 부족

설교자로서 우리는 말씀을 해석하는 데 익숙하다. 하나님께서 불어넣으신 진리의 말씀과 우리가 성도들에게 전할 내용을 얻기 위해 성경을 파헤친다. 그러나 말씀을 파악하려고 노력하는 만큼이나 청중, 즉 회중을 분석해야 할 책임이 있음을 간과한다. 그리고 회중을 잘 이해하지 못한 나머지 기대와 다른 결과를 얻는다. 자신은 그렇지 않다고 생각할 수 있지만, 회중이 누구인지, 무엇을 하는지, 어떤 의문을 품고 살아가는지 알아보기 위한 노력을 하지 않는 목회자들이 많다. 어떤 목회자는 '말씀을 전하자'라는 생각만 할 뿐, 그 말씀을 듣는 성도들이 누구인지에 대해서는 생각해보지 않는다.

사도행전 2장에 나타난 베드로의 설교를 보면 그가 회중을 얼마나 잘 이해하고 있었는지 볼 수 있다. 그곳에서 설교하게 하신 이는 하나님이셨지만, 베드로는 상황에 맞는 본문을 효과적으로 사용했고, 회중이 존경하는 권위자들의 말을 인용했으며, 듣는 이들이 그의 생각에 다가갈 수 있도록 귀납적으로 자신의 아이디어를 제시했다. 베드로는 자신의 이야기를 듣는 사람들을 이해하고 있었다.

이와 마찬가지로, 사도 바울이 아레오바고 광장에서 한 설교(행 17장) 또한 그 상황을 고려한 것이었다. 그는 처음부터 구약성경을 인용하지 않았다. 이교도에게 설교하고 있다는 상황을 이해했고, 그래서 "알지 못하는 신에게"라고 새긴 제단에 대해 설교했다. 사도 바울은 "여러분이 알지 못하고 예배하는 그 대상을 여러분에게 알려드리겠습니다"(행 17:23, 새번역)라고 했다. 이처럼 우리는 설교를 통해 말씀을 먹는 사람들을 분석할 필요가 있다.

갈등과 분쟁

교회에 문제가 있다는 사실은 전혀 새로운 것이 아니다. 신약의 서신서들이 이를 충분히 보여주고 있다. 하지만 계획을 세워 교회의 필요를 채우려는 노력에 방해가 되는 것은 오히려 그 교회 자체일 수 있다.

켄 스웨트랜드(Ken Swetland)는 꿈같이 완벽한 교회에서 목회했던 놈 목사에 대해 이야기했다. 놈은 그 교회를 "빌립보 교회"라 불렀다. 하지만 시간이 지나, 놈은 새로운 교회로 옮겨야 했다. 그런데 뒤이어 그가 시무하게 된 교회는 문제로 가득 차 있었다. 놈은 그 교회를 절대 "빌립보 교회"의 모습으로 바꿔놓을 수 없었다.[18] 교회 안에 갈등이 많았고, 항상 다툼이 있었고, 회의를 진행하기가 무척 어려웠으며, 성도들은 몹시 쌀쌀맞았다. 누구도 들으려는 마음이 없었지만 놈은 그 사실을 깨닫지 못했다. 그는 교회를 옮기기 전에 교회에 대한 정보를 충분히 수집하지 못했고, 이는 목회를 시작한 후에도 마찬가지였다. 만일 놈이 교회의 영적 수준을 미리 파악했더라면 상황은 달라졌을지도 모른다.

기도 부족

개인과 공동체가 기도하지 않으면 이는 설교계획에 장애물이 될 수 있다. 영적 분별력은 건강한 설교의 주요소이다. 목회자와 성도들의 기도는 교회가 영적으로 성장하는 데 중요한 밑거름이다. 목회자는 성도들을 위해 기도해야 한다. 그리고 성도들에게 목회자 자신을 위해 기도하도록 격려해야 한다.

내가 목회자나 임시 당회장으로서 항상 강조하는 것은 기도의 중요성이다. 한 교회에서 우리는 '기도 협정'을 맺었다. 예배에 참여하는 모든 이들은 날마다 개인 기도 시간에 교회를 위해 기도하기로 했다. 이로써 공동체 기도를 고무시켰고 동시에 개인 기도의 중요성을 강조했다.

19세기 스코틀랜드 목회자 윌리엄 해밀턴(William Hamilton)은 자신의 설교를 좋아했던 하일랜드 지역의 부유한 여성도에 대한 이야기를 했다. 그녀가 다니던 도시 교회에 새로운 목회자가 필요하자, 그녀는 힘을 써 하일랜드 지역 교회의 목회자를 도시 교회로 모셔왔다. 하지만 목사의 설교는 그녀가 하일랜드 교회에서 은혜받던 설교보다 은혜롭지 않았다. 크게 실망한 그녀는 시간이 조금 흐른 뒤, 목회자에게 다가가 그의 설교에 대한 자신의 생각을 이야기했다.

그러자 그가 대답했다. "기도 책을 잃어버렸어요."

그녀는 의아해하며 말했다. "기도 책을 잃어버리셨다고요? 기도 책을 사용하시는 줄 몰랐어요. 저희는 장로교인걸요(17세기에 기도 책 또는 기도문이 정치적인 도구로 사용되자 이후부터 스코틀랜드 장로교회에서는 기도 책 또는 기도문을 멀리했다는 이야기가 있다—옮긴이)! 그렇다면 기도 책을 한 상자 사드릴게요."

"아닙니다, 괜찮습니다. 저의 기도 책은 다름 아닌 이전 교회 성도들의 기도였습니다."[19]

성도들은 설교자를 위해 기도해야 한다. 그리고 설교자도 자기 자신을 위해 기도해야 한다. 설교자는 기도를 통해 자신이 처한 상황을 이해할 수 있다.

지금까지 설교계획을 세우는 데 방해가 되는 요소를 돌아보았다. 당신이 처한 상황 그리고 교회에서 직면하게 되는 문제점들은 무엇인가? 하나님께서 우리를 보내신 그곳을 정확히 파악하면 그분의 말씀을 통해 어떻게 양 떼를 먹여야 하는지 더 잘 알 수 있다.

사회적 분위기

설교와 설교계획에 장애물이 되는 마지막 요소를 살펴보자. 이는 우리가 현재 속해 있는 문화와 관련된 것이다. 설교를 하기 위해 본문을 해석하고, 자신을 돌아보고, 회중도 이해했다면, 한 걸음 더 나아가 사회와 문화에도 관심을 기울여야 한다. 그리고 그 영향력에 의해 쉽게 흔들릴 수 있다는 사실도 잊지 말아야 한다.

권위의 몰락

설교를 계획할 때 우리가 설교하는 시대의 문화와 현실을 고려하지 않을 수도 있다. 오늘날 서구 사회에서는 전반적으로 권위가 무너지고 있으며, 이러한 흐름은 설교자와 설교에도 영향을 끼쳤다. 갈수록 설교자의 리더십이 의심받고 있다. 이렇게 설교자가 검토 대상이 되면 설교의 바탕이 되는 성경 또한 그렇게 된다.

자기중심의 사회가 도래했다. 자신을 높이는 풍조로 인해 객관적인 확신이 밀려나고 있다. 사람들은 자신의 필요와 소망과 욕구에 대해 관심을 집중한다. 교회도 이런 문화의 악영향에서 벗어나지 못했다. 우리는 신학교의 설교 입문 강의에서 이렇게 질문하고 있다. "스스로 자신을 **구원받을 자격이 있다**고 생각하는 문화에서 어떻게 그리스도에 대해 설교할 것인가?"

오늘날 사람들은 구원의 자격이 기본적으로 주어진다고 생각한다. 많은 사람은 '선한 개도 천국에 간다'는 생각을 품고 있다. 그리고 개는 분명 선한 존재라고 생각한다. 설교자로서 우리는 이러한 문화가 성도들에게 미치는 영향에 대해 생각하지 못한다. 하지만 설교계획을 깊이 생각하는 설교자라면, 문화가 야기하는 장애물을 결코 간과하지 않을 것이다.

설교자가 알아차리지 못하는 것이 하나 더 있다. 권위가 몰락하고 자신이 높아짐에 따라, 미국 비즈니스 사회의 실용주의가 교회와 교회의 프로그램 그리고 설교계획에 생각보다 큰 영향을 미친다는 것이다. 소비자 주도적인 기독교는, 쉽게 눈에 띄지 않더라도 설교에 강력한 영향력을 미칠 수 있다. 설교자들은 심도 있는 신학적 고찰과 계획보다는 실용주의적 사역에 의존하여, '성경적인가?'라는 질문이 아니라 '효과가 있을까?'라는 질문에 집중하고 싶은 유혹을 느낀다. 그 결과 많은 설교자들이 인터넷에서 대량생산된 설교 시리즈를 찾아 단순히 그 메시지를 전달하는 데만 그치고 만다. 이 방법을 사용하면 심도 있고 예리한 신학적 질문은커녕 개인적이고 상황적인 질문조차 할 필요가 없어진다.

설교자와 교회는 인물 주도적 사역의 개념에 쉽게 현혹된다. 많은 복음주의 교회가 자신도 모르는 사이에 스스로 높아지는 문화를 포용하고 소비주의와 결합한다. 그 결과 신학적 의견을 내놓는 유명한 인물들이 교회 사역의 분위기를 정해버리고, 자기의 책과 설교 시리즈를 팔기 위해 노력하는 풍경이 연출된다. 그들이 제공하는 것 때문에 지역 교회 목회자가 기도하는 마음으로 자신과 성도들의 삶을 돌아보고, 양 떼가 성장하도록 설교해야 할 필요성이 사라진다.

하나님은 있는 그 자리에서 사람들을 사랑하고 양육하도록 우리를 부르셨고, 그 일을 우리가 직접 하기 원하신다. 인물 주도적 사역의 유행을 따르다 보면, 성도들이 정말로 필요로 하는 것이 무엇인지 알아야 할 책임을 목회자가 회피하게 될 수도 있다. 설교자가 좋아하고 성도들이 존경하는 누군가가 흥미

롭고 중요한 이야기를 하고 있기 때문에 쉽게 현혹될 수 있지만, 그 순간에 성도들에게 꼭 필요한 말씀이 아닐 수도 있다. 교회의 리더들과 목회자만이 성도들의 상황과 앞으로 성장해가야 할 방향성을 결정할 수 있다.

해돈 로빈슨은 이렇게 말했다. "오늘날 너무 많은 '왕들'이 설교학계를 지배한다. 미디어 설교자들은 가장 큰 인기를 누리고 있다. 이들은 연구팀과 오디오, 비디오 엔지니어의 도움을 받고 있으며 매일 목회를 하면서도 지칠 이유가 없다."[20]

중요한 사실은 이런 왕들이 당신의 교회를 모른다는 것이다. 당신의 교회를 가장 잘 아는 사람은 바로 당신이다. 유명한 사람들의 말에 사람들이 큰 감동을 받을지는 모르지만, 그 복음주의 전문가는 당신의 교회와 교회의 필요 그리고 교회의 성장을 위해 당신이 전해야 할 하나님의 말씀이 무엇인지 알 길이 전혀 없다. 그리고 이는 분명 당신에게 긍정적인 요소로 작용할 것이다.

종교 다원주의

설교를 듣는 청중이 세상의 다양한 종교에 매력을 느낀다는 사실을 인정하지 않으면, 당신은 설교계획의 필요성을 전혀 느끼지 못할 수도 있다. 그들의 눈앞에는 삶을 살아가는 데 필요한 다양한 옵션들이 슈퍼마켓의 매대처럼 진열되어 있다. 그들에게 기독교는 널리 적용할 수 있는 믿음의 종류 중 하나에 불과하다. 우리는 설교자로서, 이 사회가 하나님께로 가는 많은

주일 강단을 제자훈련의 기회로 활용하라

길을 제시하고 있다는 사실을 인식해야 한다. 그리고 그러한 태도가 우리의 설교와 설교계획에 어떤 영향을 미치는지 알아야 한다. 우리는 모든 종교가 동등한 가치를 지닌다고 여기는 사회에 살고 있기 때문이다. 이는 기독교의 독특성을 위협한다. 사람들은 '영적' 필요만 채울 뿐 그리스도인이 될 마음은 없다. 또한 믿는 자들 역시 그리스도인으로서의 삶을 부분적으로만 살고 있으며, 날이 갈수록 헌신의 정도가 약해진다.

생각이 깊은 설교자라면, "길이요 진리요 생명이신" 예수님이 그리스도의 독특성과 청중의 삶에 어떤 영향력을 끼칠지 기억해야 한다.

결론

설교자는 설교를 계획한다. 좀 더 잘하는 사람이 있고 역량이 떨어지는 사람도 있다. 하지만 설교를 계획하는 것과 계획을 실천하는 것은 별개이다. 설교센터의 설문조사에 참여한 목회자들은 대부분 설교계획을 세우는 것이 중요하다고 응답했다. 우리는 모두 설교계획을 잘 세우고 싶어 한다. 하지만 그 과정에서 여러 문제에 당면하기도 한다. 그 장애물이 우리 자신일 때도 있다. 우리가 처한 상황 혹은 우리가 잘 모르는 사역 환경일 때도 있다. 또한 우리가 살고 있는 사회 그리고 다원주의적

세상이 우리와 청중을 압박하며 설교를 계획하지 못하도록 방해하기도 한다.

효과적인 계획을 세우는 데 방해가 되는 장애물에 대해 함께 살펴보았으니, 이제는 우리가 하는 일, 즉 성도들의 믿음이 성숙해지도록 돕는 설교계획의 핵심으로 들어가보자.

4

영적 성숙을 위한 설교계획

> 문명국가나 자유국가의 사람들에게 설교를 들어야 할 필요성을 느끼게
> 하는 것만큼 어려운 일은 없을 것이다.
> _앤서니 트롤럽(Anthony Trollope)

어떤 사람들은 왜 들어야 하는지 이유도 모른 채 설교를 듣는다. 앤서니 트롤럽의 《바체스터의 탑》(*Barchester Towers*)에 등장하는 비판적인 인물은 설교를 형벌이라 말하며 탄식한다. 어쩌면 설교는 특별한 의도가 있어서라기보다 듣는 이에게 습관적으로 강요되는 것일지도 모른다. 설교자가 설교계획을 세울 때 설교와 제자훈련을 관련짓지 못할 수도 있고, 설교를 전달할 때 제자훈련이 그 목적이 되지 않을 수도 있다. 이번 장에서는 설교계획과 제자훈련의 관련성을 검토하고, 다음 장에서는 이를 바탕으로 목적이 있는 설교계획을 수립해보도록 하겠다.

설교의 역할

설교와 설교계획에 관한 나의 연구 결과는 다음과 같다.

- 대부분의 설교자는 설교계획을 세우기 원할 뿐 아니라 어느 정도까지는 계획을 세운다.
- 설교계획의 중요성을 강조하는 책과 글은 많다.
- 설교자는 저마다 설교계획을 다른 관점에서 이해한다.
- 이러한 관점들이 계획 과정을 주도하게 된다.
- 계획을 세우는 방법에는 출석률 지향적 계획(attendance-driven planning), 성도들의 필요를 바탕으로 하는 계획(needs-based planning), 성서정과를 따르는 계획(lectionary planning), 성경 각 권별 설교계획(preaching-through-books planning), 교회력을 바탕으로 하는 계획(calendar planning) 등이 있다.
- 제자훈련이라는 목적을 가지고 계획을 세우는 경우는 드물다.

대부분의 설교자는, 설교계획의 가치는 인정하지만 설교를 통한 제자훈련을 이미 당연한 것으로 받아들여 별도의 계획을 세울 필요성을 느끼지 못한다. 어떤 이들은 "내 설교를 듣는 사람들은 당연히 영적으로 성숙해지고 있을 거야"라고 말할 것이다. 하지만 우리가 교회에서 설교하고 사역하는 궁극적 목적이 성도들의 영적 성숙 아니던가?

설교센터의 설문조사에서 "제자훈련이 설교에서 어떤 역할을 하는가?"라는 질문에 어떤 목사가 했던 답변은 그가 설교와 제자훈련의 연관성을 이해하는 데 어려움을 겪고 있음을 잘 보여준다. "제 생각에는 제자훈련이 매 주일 제가 하는 사역 중에 가장 큰 비중을 차지하는 것 같습니다."[1]

나는 설교자들이 계획은 세우되, 알게 모르게 본인의 관심 분야에 더 많은 비중을 둔다는 사실을 발견했다. 설교자의 머릿속에는 이런 대화가 오가고 있을지도 모른다. '신구약의 여러 권을 설교했는데 민수기는 아직 한 번도 설교한 적이 없어. 내 목표는 은퇴하기 전까지 성경 전권을 설교하는 것인데…. 바로 이거야, 민수기를 본문으로 설교해야겠다.'

이것이 좀 과장되었다고 생각할지도 모른다. 하지만 그동안 설교계획에 대한 전반적인 분위기를 살펴본 결과, 어떤 설교자는 **자신이** 관심 있고 설교하고 싶은 주제에만 집중하면서 **성도들에게** 지속적으로 영적 성장과 성숙을 가져다줄 수 있는 유익에 대해서는 생각하지 않는다. 이에 대해 어떤 설교자들은 이렇게 주장한다. "당연히 내가 준비한 설교는 성도들에게 유익할 것입니다."

물론 그럴 것이다. 설교자의 관심 분야에 맞춰 준비한 설교 역시 성도들에게 어느 정도는 영적인 유익을 가져다줄 수 있다. 하나님의 말씀은 헛되이 되돌아오지 않기 때문이다(사 55:11). 그러나 이러한 설교계획은 목적에서 빗나갈 위험이 있

다. 성도들의 영적 성숙을 위해 의도적으로 계획한 것이 아니기 때문이다.[2]

예수님이 제자들에게 다른 제자를 세우라고 하신 명령은, 제자훈련이라는 관점으로 설교를 바라보는 우리에게 가장 중요한 것을 상기시켜준다.

> 그러므로 너희는 가서 모든 민족을 제자로 삼아 아버지와 아들과 성령의 이름으로 세례를 베풀고 내가 너희에게 분부한 모든 것을 가르쳐 지키게 하라 볼지어다 내가 세상 끝날까지 너희와 항상 함께 있으리라 하시니라(마 28:19-20).

사도 바울은 에베소 교회를 향해, 하나님은 "성도를 온전하게 하여 봉사의 일을 하게 하며 그리스도의 몸을 세우려 하심이라 우리가 다 하나님의 아들을 믿는 것과 아는 일에 하나가 되어 온전한 사람을 이루어 그리스도의 장성한 분량이 충만한 데까지 이르게"(엡 4:12-13) 하기 위해 교회의 여러 자리를 세우셨다고 말한다.

사도 바울은 골로새 성도들에게 자신의 사역 목적을 알려준다. "우리가 그를 전파하여 각 사람을 권하고 모든 지혜로 각 사람을 가르침은 각 사람을 그리스도 안에서 완전한 자로 세우려 함이니 이를 위하여 나도 내 속에서 능력으로 역사하시는 이의 역사를 따라 힘을 다하여 수고하노라"(골 1:28-29).

교회를 개척한 사도 바울은 믿음의 아들인 디모데에게 하나님 말씀의 능력과 목적을 상기시킨다. "모든 성경은 하나님의 감동으로 된 것으로 교훈과 책망과 바르게 함과 의로 교육하기에 유익하니 이는 하나님의 사람으로 온전하게 하며 모든 선한 일을 행할 능력을 갖추게 하려 함이라"(딤후 3:16-17).

위에서 언급한 말씀들은 공통적으로 모든 사람이 믿음 안에서 영적으로 성숙하기를 강조하고 있다. 조 카터(Joe Carter)와 존 콜맨(John Coleman)은 "기독교의 제자훈련은 말씀을 단순히 받기만 하던 한 영혼이 말씀 안에서 적극적인 참여자로 변화하는 과정"[3]이라고 말했다.

참여의 목적은 성숙이다. 고든 맥도날드(Gordon MacDonald)는 "나에게 **성숙**이란 교회 문화와 언어를 완벽하게 익혀 교회에만 들어서면 살아나는 '교회 문화에 익숙해진 사람'(churchly)이 아니다. **나에게** 성숙이란 직장, 가정, 사회 등 삶의 모든 영역에서 예수님의 흔적을 찾을 수 있는 것을 의미한다"[4]라고 했다.

우리 모두는 거룩하고, 그리스도를 닮고, 성숙한 하나님의 사람이 되기 원한다. 이를 돕는 것이 바로 목사와 교회 리더들의 역할이다. 물론 개인과 교회의 영적 성숙에 대한 궁극적인 책임은 하나님께 있다. 하나님은 그분의 은혜를 통해 우리를 성장시키시기 때문이다.

그렇다고 어느 개인의 믿음이 말씀이 선포될 때만 성숙해지는 것은 아니다. 설교와 제자훈련은 사람들의 믿음을 성장시킬 수 있는 통합적 접근법의 한 부분을 차지할 뿐이다. 어느 목회자가 말했듯이, "제자훈련과 설교는 매우 중요하지만 그것만으로는 충분하지 않다. 설교는 교회학교, 상담, 그리고 다른 훈련 사역과 방향이 일치되어야 한다".[5] 설교는 교회의 전체 사역을 보완해야 한다.[6]

윌리엄 헐(William E. Hull)은 "우리에게 필요한 것은 설교의 위상을 높이는 것이 아니라 목회자가 실행해야 할 중요한 사역과 설교를 연합하는 것이다. 다시 말해, 사역 가운데 설교가 중심 역할을 하는 것이 아니라 사역의 중심에 설교가 올바르게 자리 잡는 것이 중요하다"[7]고 했다.

조너선 윌슨(Jonathan R. Wilson)은 우리에게 다음과 같은 점을 상기시킨다. "제자훈련은 교회가 하는 여러 사역 중 하나이다. 그러나 교회는 간혹 제자훈련을 전도와 회심과 관련된 일련의 활동에서 분리시켜 보려고 한다. 이때 교회는 교회의 궁극적인 목적이 사람들을 한 번의 집회로 인도해 회심시킨 뒤, 믿음을 갖게 하며, 죄 용서와 영원한 구원의 확신을 갖게 하는 것인 양 행동한다."[8] 하지만 이때 필요한 것이 바로 설교와 제자훈련이다.

릭 라우스(Rick Rouse)와 크레이그 반 겔더(Craig Van Gelder)는 "제자훈련이란 하나님의 사람들이 자신의 믿음과 은사를 이 세상을 위한 하나님의 사역에 사용하도록 돕는 것이다. 제자훈련은 교회 안에서만 이루어지는 것이 아니다. 그리고 교회 내부의 일들에만 관심을 두는 것도 아니다. 교회의 목표는 하나님

주일 강단을 제자훈련의 기회로 활용하라

의 목적을 위해 쓰임받도록 공동체의 신앙을 성장시키는 것이다"[9]라고 말했다.

우리는 예수 그리스도 안에서 영적으로 성숙하고 건강한 성도를 세우는 데 목표를 두고 교회의 전반적인 사역을 해나가야 한다. 그리고 그 목표를 달성하는 데 설교가 중요한 역할을 한다. 한 목회자는 이렇게 말했다. "나는 성도들이 현재 처해 있는 영적 수준에 맞춰, 그들을 하나님께서 원하시는 단계로 이끌기 위해 노력한다. 이 과정에서 제자훈련은 필수이다."[10]

존 오트버그(John Ortberg)는 우리에게 다음을 상기시킨다. "신약성경의 대부분이 개인보다는 교회나 신앙 공동체에게 보내는 서신서이다. 이 서신서들은 공동체의 영성을 길러주며, 잘못된 것을 진단하고 해결 방안을 제시해준다. 서신서의 대상은 한두 명이 아니라 믿음의 공동체인 교회이다."[11]

설교는 신앙 공동체인 교회를 포용하고, 그들의 신앙 단계를 파악하여 신앙이 성장하도록 돕는 것이다. 포괄적인 관점과 성숙을 향한 목적의식으로 설교를 계획한다면, 우리는 설교자로서 확실한 의도를 가지고 사역에 임할 수 있다.

영적 성숙을 위한 설교

교회의 모습은 저마다 다르다. 우리는 특정한 장소와 배경 그리고 특정한 영적 성숙도를 지닌 교회에서 설교하고 있다. 이전에 섬긴 교회와 비슷해 보일지 모르지만 지금 사역하고 있는 교회는 저만의 독특한 모습을 띠고 있다. 켄트 헌터(Kent Hunter)는 "모든 교회는 다른 특성을 지니며, 각 교회마다 다른 목회 철학이 있다"[12]고 말했다. 우리는 가상이 아닌 진짜 사람들에게, 그들이 처한 상황에서 설교한다. 하지만 우리의 소망은 결국 그들 모두가 그리스도 안에서 더욱 성숙해지는 것이다.

데일(R. W. Dale)은 "어떤 설교자는 오로지 지성을 자랑하기 위해 설교 본문을 선택한다"고 말했다. 이것은 본문 선택의 올바른 동기가 될 수 없다.[13] 브라이언 채플 또한 설교자가 자신의 관심에 따라 본문을 선택하지 않도록 주의해야 한다고 지적한다. 그는 설교자들에게 청중을 잘 알아가고 그들이 영적으로 성숙할 수 있게 설교하라고 독려한다.[14]

워렌 위어스비는 말했다. "유명한 설교자들이 무슨 말을 하든, 우리를 향한 하나님의 목적은 부가 아니라 성숙이고, 행복보다는 거룩이며, 받는 것이 아니라 주는 것이다. 또한 하나님은 지속적으로 사람들이 예수님을 닮도록 빚어가고 계시며, 바로 이것이 그리스도인의 섬김이다. 섬김의 목적은 교회나 교회 학교를 거대하게 키우는 것도, 훌륭한 찬양대나 효율적인 안내위원을 만드는 것도 아니다. 그리스도의 성품을 지닌 사람들을 세워 하나님께서 이들에게 복 주시게 할 뿐 아니라, 이들이 다른 사람들을 세우게 하려는 것이다."[15]

주일 강단을 제자훈련의 기회로 활용하라

사역 현장에서 설교의 역할은 모두 성숙과 직결된다. 이는 사람들을 어느 한 단계의 영적 수준에서 다음 단계로 성장시키는 데 있지, 단지 성도 수를 늘리는 데 있지 않다. 마크 데버(Mark Dever)는 안타까움을 토로했다. "오늘날 어떤 이들은 평생 초신자로 남을 수도 있다고 생각한다. 성장을 헌신된 제자에게만 주어지는 선택 사항처럼 여긴다. 그러나 성장은 살아 있다는 증거이다. 나무가 살아 있다면 자랄 것이고, 동물 역시 살아 있다면 성장할 것이다. 살아 있다는 증거는 자라는 것이며, 자란다는 것은 번성하고 발전한다는 의미이다. 적어도 죽음이 끼어들기 전까지는 말이다."[16]

안타깝게도 영적인 성숙보다는 성도 수나 회심하는 사람의 수로 교회 성장을 측정하곤 한다. 그렇지만 실제적인 영적 성장은 설교를 통해 이뤄진다. 조지프 스토웰(Joseph Stowell)은 이렇게 말했다.

훌륭한 설교는 변화를 가져오는 설교이다. 설교자와 설교가 재미있거나 즐겁고, 매혹적이거나 흥미로우며, 지적이거나 논란의 여지가 있고, 신학적·교리적으로 깊은 인상을 남기거나 권위적일 수 있다. 그러나 그 진리를 접한 후에도 삶에 아무런 변화가 나타나지 않는다면, 이것은 하나님께서 바라시는 설교가 될 수 없다.[17]

윌리엄 윌리먼(William Willimon) 역시 이에 동의했다. "주일 아침에 설교를 듣는 회중이 에너지 소비 이상의 기대를 가질 수 있게 하려면 먼저 우리가 저들의 세계를 충분히 이해하고 있음이 전제되어야 한다. 이것은 훈련을 요구한다. 이 말은 사람들이 진정한 회중이 되기를 원한다면 우리가 먼저 진정한 목회자가 되어야 한다는 뜻이다."[18]

바울은 고린도 성도들에게 그들의 믿음이 자라기를 소망한다고 전했다(고후 10:15). 이것이 바로 말씀 사역의 핵심이다. 우리는 성도들의 믿음을 성장시키기 위해 말씀을 전한다. 모든 연령대의 제자들이 그리스도 안에서 성숙해지는 모습이 그들의 삶을 통해 나타나야 한다. 타비티 얀야빌리(Thabiti M. Anyabwile)는 "성경 지식을 쌓고 그리스도를 닮아가고 영적인 성숙을 향해 나아가는 것은 그리스도인으로서 당연히 해야 할 일이다"라고 언급했다.[19]

성도의 영적 수준 파악하기

그렇다면 우리는 어떻게 제자훈련 중심의 설교를 계획할 수 있을까? 먼저 청중의 영적 수준을 파악하고 그들을 성숙의 자리로 이끌 수 있는 설교계획을 세워야 한다. 우리가 해야 할 일은 회중의 상태를 전체적으로 바라보고 그들의 영적 나이를 파악하는 것이다. 아래 그림에서 양쪽 끝에 속한 사람들이 있다. 왼

주일 강단을 제자훈련의 기회로 활용하라

쪽 끝은 초신자, 오른쪽 끝은 가장 성숙한 성도이며, 중간은 대다수의 성도가 속해 있다. 그렇다면 이 중간 부분에 속한 성도들의 영적 나이는 어떻게 파악할 수 있을까?[20] 이들은 다음 중 어떤 단계에 속하는 것일까?

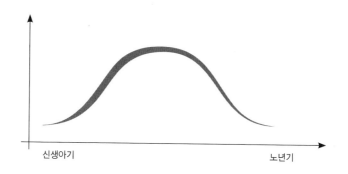

- 신생아기
- 유아기
- 아동기
- 청소년기
- 청년기
- 중년기
- 노년기

신생아기

신생아기는 '성숙'과 거리가 멀다. 신생아기는 초신자, 즉 하나님이 부르시고 구원하신 '새로 태어난' 그리스도인을 의미한다. 그리스도를 구세주로 영접하고 제자훈련의 첫 단계에 있는 사람이다.

이들은 아직 기독교 신앙에 대해 잘 모르는 상태로, 말씀을 지속적으로 들으면서 신앙이 성장한다. 영적 수준이 신생아기에 있는 사람은 처음에 젖을 먹으며 성장하다가 나중에는 단단한 음식을 먹는다.

신생아란 초신자를 의미하지만, 수십 년 동안 신앙생활을 했으면서도 영적으로 성숙하지 못한 사람을 일컬을 수도 있다. 히브리서 저자는 예수 그리스도의 제사장적 직분을 이야기하며 다음과 같이 경고한다.

멜기세덱에 관하여는 우리가 할 말이 많으나 너희가 듣는 것이 둔하므로 설명하기 어려우니라 때가 오래되었으므로 너희가 마땅히 선생이 되었을 터인데 너희가 다시 하나님의 말씀의 초보에 대하여 누구에게서 가르침을 받아야 할 처지이니 단단한 음식은 못 먹고 젖이나 먹어야 할 자가 되었도다 이는 젖을 먹는 자마다 어린아이니 의의 말씀을 경험하지 못한 자요 단단한 음식은 장성한 자의 것이니 그들은 지각을 사용함으로 연단을 받아 선악을 분별하는 자들이니라(히 5:11-14).

고든 맥도날드는 이렇게 말했다.

나는 소위 기독교 운동이라 불리는 복음주의 운동을 바라보면서, 우리가 다양한 사람들을 비교적 예수님께 잘 인도하고 있다는 결론을 내렸다. 경건 생활, 교회 사역 참여, 기본적인 성경 지식 등 초신자들이 신앙생활의 기초를 익히는 데 필요한 도움도 꽤나 잘 제공하는 편이다. 그러나 내가 생각할 때 오늘날 우리에게 부족한 부분은, 우리가 '신생아기'에 있는 초신자들을 성숙한 그리스도인으로 성장시키는 방법을 모른다는 것이다.[21]

사도 바울은 고린도 성도들에게 안타까운 마음을 드러냈다. "형제들아 내가 신령한 자들을 대함과 같이 너희에게 말할 수 없어서 육신에 속한 자 곧 그리스도 안에서 어린아이들을 대함과 같이 하노라 내가 너희를 젖으로 먹이고 밥으로 아니하였노니 이는 너희가 감당하지 못하였음이거니와 지금도 못하리라 너희는 아직도 육신에 속한 자로다 너희 가운데 시기와 분쟁이 있으니 어찌 육신에 속하여 사람을 따라 행함이 아니리요"(고전 3:1-3). 에베소 성도들에게는 이렇게 말했다. "이는 우리가 이제부터 어린아이가 되지 아니하여 사람의 속임수와 간사한 유혹에 빠져 온갖 교훈의 풍조에 밀려 요동하지 않게 하려 함이라"(엡 4:14). 그들은 그리스도 안에서 영적으로 성장하며, 삶의 모든 영역에서 그리스도를 나타내야 했다.

베드로는 하나님을 기쁘시게 하는 삶을 살기 원하는 성도들을 향해 다음과 같이 권고하고 있다. "갓난아기들같이 순전하고 신령한 젖을 사모하라 이는 그로 말미암아 너희로 구원에 이르도록 자라게 하려 함이라 너희가 주의 인자하심을 맛보았으면 그리하라"(벧전 2:2-3).

믿는 자는 그리스도 안에서 성장해야 한다. 성도들이 갓난아이 상태에 머물러 있다면, 그것은 목회자에게 큰 문제가 된다. 특히 교회가 양적으로 성장할 때는 더욱 그렇다. 스카이 제서니(Skye Jethani)는 "영적 신생아는 역설적인 상황을 불러온다"고 하면서 다음과 같이 말했다.

초신자와 젊은 회중(young congregation)은 교회의 기쁨이요, 성도가 늘어나면 교회는 마땅히 감사해야 한다. 그러나 미성숙함에는 약점이 있다. 교회가 영적으로 성숙하지 못한 젊은 성도들로만 가득하다면 얄팍한 신앙과 갈등, 침체, 죄로 편만(遍滿)하기 쉽다. (그들은 또한 영적인 부모들이 잠을 못 이룰 만큼 어려운 문제들을 제공할 수 있다.) 우리는 초신자로 가득한 교회를 원하지만, 그들이 영원히 초신자로 남기를 바라지는 않는다.[22]

우리의 설교 대상 가운데는 아직 신생아기에 머물러 있는 사람들이 있을 것이다. 그들 중에는 갓 태어난 새신자로서 앞으로 성장하기를 원하는 사람도 있고, 태어난 지는 오래되었으나 계속 갓난아이로 남아 있기를 고집하는 사람도 있다.

유아기

유아는 갓난아이와 비교해 크게 다르지 않다. 기어 다니다가 이제 겨우 신앙의 걸음마를 떼었지만 아직 완벽하게 걷지는 못한다. 유아가 옳고 그름을 잘 분별하지 못하듯, 유아기의 그리스도인들도 신생아기에서는 벗어났지만 올바른 결정을 내리기에는 역부족하다. 유아기나 '미운 두 살' 단계에 있는 사람들은, 십대에 그리스도를 영접했지만 그 뒤에는 영적으로 전혀 성장하지 못한 사람일 수 있다. 그들은 신앙에 대해 어느 정도 배우려는 의지는 있지만 자신의 이기적인 성향 때문에 성장하지 못한 경우가 많다. 대부분 자신에게만 관심이 있는 사람들이다.

잭은 십대에 예수님을 영접했다. 그의 신앙은 신생아기를 지나 유아기로 발전했지만 여전히 그 단계에 머물러 있었다. 신앙 성장을 위해 시간을 투자하지 않았기 때문이다. 잭은 주는 것만 받아먹는 어린아이처럼 주변 사람들에게 의존하며 간신히 신앙을 유지했다. 잭은 교회에서 리더의 자리까지 갔지만 리더 역할을 감당하기에는 역량이 부족했다. 그는 영적으로 성숙하지 못했기 때문에 자신이 감당하고 있던 책임의 무게를 견디지 못했다. 잭은 약하고 의존적인 믿음에 더하여 스스로 성장하려는 마음조차 없었다.

히브리서 저자는 신생아기와 유아기에 있는 성도들을 다음과 같이 격려한다.

그러므로 우리가 그리스도의 도의 초보를 버리고 죽은 행실을 회개함과 하나님께 대한 신앙과 세례들과 안수와 죽은 자의 부활과 영원한 심판에 관한 교훈의 터를 다시 닦지 말고 완전한 데로 나아갈지니라 하나님께서 허락하시면 우리가 이것을 하리라(히 6:1-3).

우리의 설교 대상 가운데 유아기의 성도들이 있다. 신앙생활을 한 지 얼마 되지 않았거나, 오래전에 그리스도를 영접했지만 아직 유아처럼 행동하는 사람들일 수 있다.

아동기

사도 바울은 고린도 교회 성도들에게 영적 은사의 활용에 대한 이야기를 한다. "내가 어렸을 때에는 말하는 것이 어린아이와 같고 깨닫는 것이 어린아이와 같고 생각하는 것이 어린아이와 같다가 장성한 사람이 되어서는 어린아이의 일을 버렸노라"(고전 13:11). 아동기 성도는 신앙이 어리고 아직 성인의 성숙함에 도달하지 못한 사람이다. 사도 바울이 지적하듯, 이러한 사람은 나이로는 성인이 되었을지 몰라도 여전히 어린아이와 같이 생각하고 말한다.

아동기의 성도는 유아기를 지나 호기심 많은 어린아이로 성장하는 초신자일 수도 있다. 어린아이는 다른 사람의 의견에 열려 있고 무엇이든 잘 수용하는 특징이 있다. 예수님도 어린아이와 같은 믿음의 중요성을 강조하시면서 어린아이들의 이러한 특성을 칭찬하셨다.[23] 하지만 고린도 교회에게 보내는 편지에서 사도 바울은 신앙생활을 오래 지속해온 성도들에게 더 이상 어린아이와 같이 행동하지 말라고 충고한다.

목회자는 당회나 사역위원회를 섬길 때, 그 안에서 이루어지는 사안들이 모두 신중함과 성령의 이끄심으로 결정되는 것은 아니라고 종종 생각했을 것이다. 오히려 회의 분위기가 꼭 모든 사람이 어린아이처럼 행동하는 유치원에 온 것처럼 느껴질 때도 있었을 것이다. 꼭 필요한 질문은 잘하지만, 들은 정보를 오해하기도 한다. 내가 과거에 섬겼던 교회에서 결혼식에 대한 원칙을 세우기 위해 매우 심각한 회의를 했던 기억이 난다. 당시 83세였던 프레드는 교회 제직 중 한 사람이었다. 그는 나를 향해 손가락질을 하며 유치한 말투로 "누가 주례를 부탁하든 당신은 주례를 해야만 해!" 하고 소리쳤다. 그것은 시작에 불과했다. 하지만 나머지 당회원들은 그의 의견에 동의하지 않았고, 결국 프레드는 회의가 끝날 때까지 팔짱을 낀 채 어두운 표정을 짓고 있었다.

우리의 설교 대상 가운데 아동기의 성도들이 있다. 그들은 신앙생활을 한 지 얼마 되지 않았거나 단순히 어린아이와 같이 행동하는 사람일 수 있다.

청소년기

우리 사회는 '청소년' 하면 '반항'을 떠올린다. 그래서 '청소년기'를 성경이 말하는 믿음의 단계에 적용하는 것이 바람직하지 않게 보일 수도 있다. 하지만 유대인 남자아이들에게 청소년기는 성인이 되기 위한 출발점이었다.

예수님도 청소년기에는 부모와 함께 예루살렘으로 향하셨다. 그리고 돌아오는 길에 예수님은 선생들과 함께 회당에 머물면서 그들의 이야기를 듣고, 그들에게 질문도 하셨다. 요셉과 마리아는 사흘 동안 예수님을 찾아 헤매다가 결국 회당에서 그분을 발견했다(눅 2:41-51).

유대교에 따르면, 13세 이상의 청소년기는 '율법의 아들'이 되어 율법을 준수할 의무가 생기는 시기이다. 이들은 책임감을 가지고 신앙 공동체에 참여하며 함께 성장한다.

유대교에서 말하는 청소년기는 성장하고 있는 그리스도인들에게 좋은 의미로 다가온다. 신생아기, 유아기, 아동기를 지나 이제는 스스로 신앙을 받아들일 나이가 된 것이다. 마이크가 그러했다. 그는 15세에 예수님을 영접한 후 신앙의 유아기와 아동기를 빠르게 거쳤다. 마이크는 신앙생활을 잘하고 싶었다. 그래서 열심히 말씀을 읽고, 매일 기도하며, 신앙이 성장할 수 있는 기회를—성경 공부, 수련회, 캠프, 훈련 사역, 주일 성경 공부, 소그룹 모임, 주일 오전과 저녁 예배—놓치지 않았다. 이로 말미암아 마이크의 믿음은 급성장했고, 그는 사역자가 되어 지금도 주님을 열심히 섬기고 있다.

사실 아동기 후반에 불과한 청소년기가 21세기에 들어서면서

주일 강단을 제자훈련의 기회로 활용하라

부터 이십대까지 늘어났지만, 청소년기는 성경적인 의미에서 자신의 믿음을 신중히 받아들이고 실천에 옮겨야 하는 시기이다.

우리의 설교 대상 가운데는 믿음이 성장하는 청소년기 성도들이 있는 반면, 나이는 이십대이지만 여전히 어린아이처럼 행동하는 사람들도 있다.

청년기, 중년기, 노년기

성숙한 성도는 청년기, 중년기, 노년기 이 세 부분으로 나누어볼 수 있다. 우리는 교회에서 이러한 모습의 제자들을 보기 원하며, 이는 하나님께서 모든 이에게 바라시는 성숙한 성도의 모습이기도 하다.

청년기의 성도들은 영적으로 성숙할지는 몰라도, 중년기와 노년기 성도들의 깊은 지혜에는 못 미친다. 워렌 위어스비는 "중요한 것은 성숙이다. 한 개인은 하나님의 가족 구성원으로 다시 태어나 성숙해지며 예수 그리스도를 닮아가야 한다. 주님의 몸 된 교회가 성숙해지면 그 크기가 커지고, 성인의 모습을 띠며, 책임감을 갖게 된다. 이 과정에서 교회는 예수님을 닮아가는 것이다. 비록 모든 몸이 정확히 같은 방법으로 성숙해지는 것은 아니지만, 크기와 성숙함 사이의 충돌은 생기지 않는다. 생명이 있는 곳에는 분명 성장이 따라야 한다"[24]고 강조했다.

우리가 그동안 섬긴 교회와 성도들을 떠올려보고 우리의 삶을 되돌아본다면, 성숙에는 시간이 필요하다는 사실을 알 수 있을 것이다. 워렌 위어스비는 "영적 성숙은 저절로 이루어지지 않는다"[25]고 조언했다.

우리는 디모데와 디도에게 보내는 바울의 서신에서 성숙한 제자들의 모습을 볼 수 있다. 그는 교회 리더의 자격 요건을 디모데전서 3장 1-3절과 디도서 1장 6-9절에 기록했다. 교회의 리더란 "고귀한 직분"(딤전 3:1)이며, 바울이 디도에게 보낸 서신에 나타나듯이 성숙한 성도에게 주어지는 역할이기도 하다(딛 1:5). 다시 말해, 장로나 집사의 직분을 준 후에 그들이 성숙한 모습이 되기를 기대한 것이 아니다. 성숙한 성도는 이미 자격 요건을 갖추고 있는 사람들이다! 또한 사도 바울은 디도에게 영적으로 성숙한 사람들이 교회 안에서 어떤 모습을 하고 있는지, 즉 늙은 남자, 늙은 여자, 젊은 여자, 젊은 남자가 어떻게 서로 협력하며 살아야 하는지 보여주고 있다(딛 2:1-8).

성숙한 제자는 지금까지 언급한 성숙한 성도의 특징들과 더불어 예수님이 말씀하신 위대한 계명에 순종한다. "예수께서 이르시되 네 마음을 다하고 목숨을 다하고 뜻을 다하여 주 너의 하나님을 사랑하라 하셨으니 이것이 크고 첫째 되는 계명이요 둘째도 그와 같으니 네 이웃을 네 자신같이 사랑하라 하셨으니 이 두 계명이 온 율법과 선지자의 강령이니라"(마 22:37-40).

갈라디아서 5장 22-26절에 기록된 것처럼, 성숙한 성도의 삶에는 성령의 열매가 나타난다. 이는 22절 이전에 나타난 모습과 완전히 다르다.

오직 성령의 열매는 사랑과 희락과 화평과 오래 참음과 자비와 양선과 충성과 온유와 절제니 이 같은 것을 금지할 법이 없느니라 그리스도 예수의 사람들은 육체와 함께 그 정욕과 탐심을 십자가에 못 박았느니라 만일 우리가 성령으로 살면 또한 성령으로 행할지니 헛된 영광을 구하여 서로 노엽게 하거나 서로 투기하지 말지니라(갈 5:22-26).

사도 바울은 로마 교회 성도들에게 영적 성숙을 향해 나아가라고 권면한다. "육신을 따르는 자는 육신의 일을, 영을 따르는 자는 영의 일을 생각하나니… 만일 너희 속에 하나님의 영이 거하시면 너희가 육신에 있지 아니하고 영에 있나니 누구든지 그리스도의 영이 없으면 그리스도의 사람이 아니라"(롬 8:5, 9). 영적으로 성숙한 성도는 주님이 주신 은사를 발휘한다. 로마서 12장 3-8절과 고린도전서 12장 1-11절에는 다양한 영적 은사가 기록되어 있다. 성숙한 성도는 하나님께서 주신 은사를 통해 그리스도의 모습을 드러내며, 자신의 삶을 통해 복음을 전할 뿐 아니라 다른 사람도 그리스도의 제자가 되도록 돕는다.

성경은 그 외에도 영적으로 성숙한 성도의 모습에 "지혜를 더하는 것"[26]과 "가난한 자와 과부와 소외된 자들을 돌보는 것"[27]과 "물질에 대해 청지기 정신을 지니는 것"[28] 등이 있다고 말한다.

우리의 설교 대상 가운데 청년기, 중년기, 노년기의 성도들이 있다. 우리는 이처럼 성도들이 꾸준히 성숙해가고, 그들의 신앙이 지속적으로 자라기를 원한다. 하지만 안타깝게도 교회에 어린아이와 같은 어른이 많다는 게 현실이다.

교회의 영적 나이

지금까지 교회의 성도들을 일곱 단계로 나누어 파악해보았다. 당신이 사역하는 교회 성도들이 가장 많이 속해 있는 단계는 어디인가?

영적 나이에 따른 각각의 특성을 주의 깊게 살펴보라. 그리고 교회의 구성원을 떠올려보라. 교회에서 신생아기, 유아기, 아동기, 청소년기, 청년기, 중년기, 노년기에 해당하는 사람은 몇 명이고 그 비율은 어떻게 되는가? 아래 그림을 참고하면 성도들의 분포를 좀 더 쉽게 그려볼 수 있다.

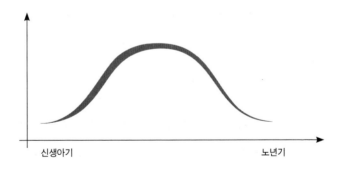

왼쪽 끝이 가장 미성숙한 성도이며 오른쪽 끝이 가장 성숙한

주일 강단을 제자훈련의 기회로 활용하라

성도이다. 교회에 따라 다르지만 어떤 교회에서는 곡선 폭이 가장 넓은 부분을 신생아기 성도들이 차지하며, 소수의 아동기, 청소년기, 청년기, 중년기, 노년기의 성도들이 오른쪽 끝에 모여 있을 수 있다.

분석을 마쳤다면 결과를 바탕으로 성도들의 신앙을 한 단계 끌어올릴 수 있는 사역 목표와 설교계획을 수립하라.

교회의 영적 나이 측정하기

성도들의 영적 나이를 측정하는 것이 그다지 마음 편한 일은 아닐 테다. 그리고 이처럼 중요한 시도를 하기 위해서는 도움이 필요할 수도 있다. 먼저 하나님께 지혜를 구하라. 그런 다음 교회의 과거와 현재의 모습을 이해하기 위해 노력하라.

지혜를 구하라

회중의 영적 상태를 분석하고 이해하려면, 먼저 하나님께 지혜를 구하고 기도해야 한다. 설교를 듣는 이들의 영적 수준이 어느 정도인지 알게 되면, 그 수준에 맞춰 설교할 수 있을 뿐 아니라 그들을 한 단계 더 높은 수준으로 성숙시킬 수 있다. 그리므로 우리는 먼저 하나님께 기도하고 지혜를 구해야 한다. 리더는 영혼을 위해 먼저 기도하는 사람이기 때문이다.

솔로몬은 아버지인 다윗의 뒤를 이어 이스라엘 백성을 이끌었다(대하 1-7장). 솔로몬에게는 온 백성이 하나님께 예배드릴 수 있도록 위대한 성전을 건축해야 할 막중한 임무가 있었다. 솔로몬은 사람들을 모아 성전 건축에 총력을 기울였다. 성전은 하나님께 드리는 영광스러운 경배의 표현이었다.

솔로몬은 제사장들과 지도자들을 불러, 예루살렘에서 떠난 언약궤를 다시 예루살렘 성전으로 옮기라고 명했다. 언약궤가 돌아오자 하나님을 향한 백성들의 기쁨과 찬양이 극에 달했다. 여호와의 영광이 성전에 가득 임했고, 솔로몬은 하나님께 경배하며 기도를 드렸다.

솔로몬은 인간의 연약함을 알았다. 그리고 왕좌의 흥망성쇠도 잘 알고 있었다. 그는 하나님의 은혜의 자리에서 수도 없이 떠난 이스라엘 백성의 약점도 알았다. 솔로몬은 성전 헌당 기도 중에 그들을 두고 기도했다. 주변 국가들로부터 닥쳐올 역경을 예상하고 하나님께 이스라엘 백성을 용서해달라고 기도했다. 그들이 다시 한 번 하나님을 향한 절실한 필요를 느껴 자신들을 받아달라고 구할 때, 하나님께서 그들을 용서하고 회복시켜주시기를 빌었다. 솔로몬은 이스라엘 백성들의 불순종 때문에 하나님께서 허락하신 복인 하나님 그 자체와 그들의 땅을 잃게 될까 봐 염려했다.

우리가 섬기는 성도들이 하나님의 복을 놓치지 않도록 기도해야 한다. 자신을 돌아볼 때, 우리는 하나님의 은혜 없이는 한

주일 강단을 제자훈련의 기회로 활용하라

순간도 살아갈 수 없음을 고백하게 된다. 우리의 소명은 교회의 리더들이 우리를 위해 기도하도록 하고, 우리가 리더로서 사람들을 위해 기도하는 것이다. 리더들은 자신에게 맡겨진 영혼을 위해 기도하며 하나님의 지혜를 구한다.

내가 섬기는 교회를 이해하라

교회의 지나간 회의록을 읽어보고 역사를 알게 되면 교회의 현황을 파악할 수 있다. 나는 처음 교회에 부임했을 때 서기에게 우리 교회가 세워졌던 1851년부터 지금까지 작성한 모든 회의 기록을 보여달라고 부탁했다. 선교 헌금 보고부터 투표 결과 기록까지 모두 보았다. 그동안 거쳐갔던 목회자가 누구였는지도 한눈에 볼 수 있었다. 특히 내 시선을 사로잡은 것은 1950년대에 기록된 회의록이었다. 교회는 당시 그 지역 침례교단 내에서 지위가 높은 사람들을 초청해 회의를 진행했다. 회의록에 따르면, 조용히 대화하면서 진행되던 회의는 참석자들의 언성이 높아지면서 갈수록 격화되었고, 결국 경찰이 개입하고 나서야 싸움이 정리되었다고 했다.

그 사건은 이후 몇십 년 동안이나 교회에 영향을 미쳤고, 내가 섬기던 1980년대까지도 잔재가 남아 있었다. 갈등에서 오는 긴장, 용서하지 못하고 미성숙한 믿음이 교회 사역과 서로를 대하는 모습에서 드러났다. 이처럼 지나간 교회 역사를 이해하면 현재의 영적 상태를 감지하는 데 도움이 된다.

교회의 현황을 알 수 있는 또 다른 방법은 **자신이 그동안 어떠한 주제와 제목으로 설교했는지 스스로 돌아보는 것이다.** 특히 지난 1년간, 또는 그보다 더 이전의 설교까지 자세히 검토해볼 수 있다. 앤드루 블랙우드는 "작년 한 해의 설교를 지금부터 돌아보기 시작하라"[29]고 충고했다.

성도들에게 귀를 기울이라

성도들의 모습을 살피고 그들에게 귀 기울이면서 동시에 스스로 질문을 던져보라. **성도들이 어떻게 대화하는가? 서로에 대해 어떻게 이야기하는가? 다른 이들에 대해 어떻게 이야기하는가? 서로를 어떻게 섬기는가? 지역사회를 어떻게 섬기는가? 말씀과 영적인 진리에 대해 얼마나 이해하고 있는가?** 가정 심방, 병원 심방, 소그룹 모임, 식탁 교제, 주일예배 등에서 성도들과 상담할 때 당신은 그들이 어떻게 생각하며 어떤 질문을 하는지 주목해야 한다.

스튜어트 브리스코는 예배를 마친 후, 어느 여성도와 본당 앞에서 마주친 일을 떠올렸다. 마침 그날은 성령의 열매에 대한 시리즈 설교를 끝내는 날이었다.

그녀가 앙칼진 목소리로 물었다. "목사님, 언제쯤 좀 더 사람들의 마음에 와 닿는 주제로 설교를 하실 건가요?"

놀란 그가 되물었다. "누구에게 말입니까?"

그녀는 성도들이 결혼 문제와 가정 문제로 괴로워하고 있으

주일 강단을 제자훈련의 기회로 활용하라

며 이러한 문제에 대한 하나님의 말씀을 듣고 싶어 한다고 이야기했다.

브리스코는 그녀에게 물었다. "그들의 가정에 사랑이 부족합니까?"

"네."

"화평도 없죠?"

"그런 것 같아요."

브리스코는 성령의 열매들을 이런 식으로 조목조목 따져 물은 다음, 그녀에게 우리가 삶을 통해 성령의 열매를 맺게 되면 가정과 인간관계에서도 그것들이 드러난다고 설명했다. 그러나 그 여성도는 브리스코의 말을 이해하지 못했다. 브리스코는 안타까워하며 이렇게 말했다. "그 여성도가 내 설교에 매긴 점수는 F였다. 나는 그 사건 이후로 설교계획을 할 때 좀 더 신중히 생각하게 되었다."[30]

당신 교회의 성도들은 말씀을 삶 속에서 얼마나 적용하고 있는가? 성경을 얼마나 알고 있는가? 말씀에 목말라하는가? 그들의 삶에 회개나 용서, 성령의 열매가 나타나고 있는가?

달라스 윌라드(Dallas Willard)는 이렇게 말했다.

예수님의 제자는 예수님과 함께 머물고 예수님과 같이 되기를 배우려는 사람들이다. 다시 말해, 마치 주님이 살아가시듯 자신의 삶을 살아가려는 사람들이다. 그들은 신앙의 공동체를 통하여 예수님

과 동행하는 법과 삶의 모든 영역에서 말씀을 적용하는 법을 끊임없이 배운다.[31]

이제 당신은 교회의 영적인 나이를 어느 정도 파악할 수 있을 것이다. 당신의 교회는 어떠한가?

제자훈련을 하는 설교자

하나님은 당신을 특정한 시기에 특정한 교회로 부르셨고, 목회자와 설교자로 세우셔서 그분의 양 떼를 그리스도 안에서 성숙하게 이끌도록 맡기셨다. 존 스토트는 목회자의 직분을 다음과 같이 묘사했다.

양은 주로 '온순한' 동물로 알려져 있고 실제로 그런 특성이 있는 것도 사실이다. 하지만 먹는 것만큼은 꽤 까다로운 편이어서 먹을 것을 가리지 않는 잡식성 동물인 염소와는 차이가 있다. 더욱이 목자가 양 떼를 먹이는 방법은 더 중요하다. 새끼 양이 병들었을 때 품에 안고 먹이는 경우를 제외하고는, 목자가 양을 직접 먹이는 것이 아니라 푸른 초장으로 이끌고 가 스스로 먹도록 한다.[32]

스펄전은 이것을 다르게 표현했다. "설교자로서 교훈을 주지

주일 강단을 제자훈련의 기회로 활용하라

못하거나 영혼을 제대로 먹이지 않는다면, 아무리 훌륭한 문구를 멋지게 인용하고 끊임없이 이야기를 늘어놓는다 하더라도 아무런 소용이 없다. 그것은 불타는 로마를 지켜보면서 빈둥거리고, 곡식이 없어 백성들이 굶주리는데도 알렉산드리아로 수척의 배를 보내 경기장을 지을 모래를 구하게 하는 늙은 네로와 별반 다를 게 없다."[33]

그렇다면 설교자는 가장 영양가 있는 먹이를 양들에게 어떻게 제공할 수 있을까? 먼저 자기 자신을 알고, 설교를 듣는 사람들을 알아야 한다. 하나님께서 주신 소명이 무엇인지 확실히 알고, 그 소명이 섬기는 교회와 어떻게 들어맞는지 알아야 한다.

이에 대한 해답은 기존의 프로그램이나 세미나가 제시하는, 모두에게 적용 가능한 설교계획에서는 찾을 수 없다. 만약 우리가 의도적으로 성도를 훈련시키고자 한다면, 좀 더 색다른 설교 방법을 모색해야 한다.

고든 맥도날드의 말을 들어보자.

지금 나는 곰곰이 생각하는 중이다. 혹시 우리가 성도를 세우는 방법을 잊은 것은 아닐까? 만약 그렇다면 무엇이 잘못된 걸까? 설교를 잘못한 것일까? 깊이 없는 신앙 서적들이 문제인가? 문제 해결이나 자조(自助)의 믿음만을 너무 강조한 것은 아닐까? 어쩌면 이보다 더 심각한 문제가 있을지도 모른다. 지난 40년 넘게 교회의 모든 것을 프로그램화하려고 한 것과 연관이 있을지도 모른다.[34]

그렇다면 어떻게 남들에게 단순히 '제시하기' 위한 설교가 아니라, 듣는 이들의 영적 성장을 돕는 '목표 지향적' 설교를 계획할 수 있을까? 첫 번째 단계는 앞에서 언급했듯이, 성도들의 영적 수준을 알아가는 것이다. 그리고 두 번째 단계는 성도들에게 무엇이 필요한지 파악하는 것이다.

청중을 이해하기

청중을 알아가고 설교계획을 세우는 부분에 대하여 에드 영 (Ed Young) 목사는 "우리는 문화적으로 적합하며 사람들이 공감하고 공유할 수 있는 성경적 진리를 가르치기 위해 노력한다"[35]고 말했다. 몇십 년 전, 메릴 애비도 이와 비슷한 말을 했다. "가르침에 대한 소명을 진지하게 받아들이면 설교자는 장기적인 설교계획을 세울 수 있을 뿐 아니라 성경적 교리와 사람들의 필요 간의 상관관계를 찾는, 아주 신 나는 작업에 빠져들게 될 것이다."[36]

스티븐 매커찬(Stephen P. McCutchan)은 다음과 같이 주장했다. "설교자들은 성도들 사이에 있을 때 그들의 이야기를 유심히 들어야 한다. 나는 설교 전에 하는 상담, 전화 통화, 심방 등을 통해 설교의 구조가 달라지는 것을 자주 경험했다."[37] 목회 경험은 설교의 질을 높여 성도들을 건강한 예수 그리스도의 제자로 키울 수 있게 해준다.

청중을 알아가는 것은 영적 성장을 위한 설교계획에서 핵심적인 역할을 한다. 이것은 설교자와 교회의 책임이다. 마크 데버는 다음과 같이 이야기했다.

교회는 하나님의 도구로써 성도들을 은혜 가운데 성장시켜야 할 의무가 있다. 하나님은 그분의 백성들을 성장시키는 일에 성숙과 거룩함을 추구하는 언약 공동체의 영향력을 사용하신다. 거룩함과 헌신적인 사랑을 바탕으로 하나님의 사람들이 세워지고 성장하면, 그 공동체는 훈련을 통하여 제자를 키우는 능력을 발전시킬 수 있다.[38]

어떻게 하면 영적 성숙이라는 목표에 더욱 가깝게 설교계획을 세울 수 있을까? 성도들의 영적 상태뿐 아니라 그들의 삶에 국가적, 지역적, 교회적, 목회적으로 영향을 끼치는 모든 요소를 파악해야 한다. 어떤 목회자는 "성도들의 필요에 늘 민감하라"[39]고 강조한다.

밀라드 에릭슨(Millard J. Erickson)과 제임스 헤플린(James L. Heflin)은 "설교는 진공상태가 아닌 현실에서 이루어지는 것이므로, 설교자가 그 상황을 깊이 이해할수록 설교계획을 더욱 지혜롭게 세울 수 있을 것이다"[40]라고 했다. 설교자가 통찰력을 가지고 청중을 이해하며 그들의 필요를 자각한다면, 설교자는 좀 더 목표 지향적이면서 더 나은 설교계획을 세울 수 있을 것이다.[41]

세계와 국가의 필요를 알기

성도들을 이해하려면 그들의 상황을 알아야 한다. 우리는 먼저 세계적 또는 국가적인 필요나 쟁점이 성도들에게 직간접적으로 어떠한 영향을 미치는지 살펴보아야 한다. 경제공황 또는 전쟁이나 여러 비극적인 사건들이 성도들에게 큰 타격을 줄지도 모른다. 설교자는 이런 사건들이 성도들의 삶에 어떤 영향을 끼치는지 지혜롭게 설명해줄 필요가 있다. 나는 한 가정이 이런 일로 교회를 떠난 사례를 알고 있다. 어느 설교자가 2001년에 일어난 9·11테러에 직접적으로 연관이 있는 성도를 배려하지 않은 것이 그 원인이었다.

지역사회의 필요를 알기

우리는 지역사회의 필요를 인식해야 한다. 공장 폐업, 대형 매장 오픈, 가뭄을 포함한 자연재해 등, 사람들의 생업과 관련된 모든 것이 설교에 영향을 줄 수 있다. 조지프 스토웰은 "좋은 목회자는 지역사회의 주민들에 대해 늘 연구하며 그들을 알아가기 위해 노력한다"[42]고 말했다. 그는 또한 "지역사회의 상황이란 한 개인의 상황보다 넓은 범위로, 성도들이 살고 있는 특정 지역의 환경적 영향과 구체적으로 관련이 있다. 이러한 지역사회의 필요에는 인종, 사회계층, 성별, 정치, 지역의 역사, 그리고 지역 시민의 일반적인 생활환경 등과 관련된 것들이 있다"[43]고 설명했다.

교회의 필요를 알기

국가나 지역사회의 필요와 더불어, 교회에도 구체적인 필요가 있을 수 있다. 예를 들면 리더십의 문제, 성도들의 고령화, 낙후된 시설, 재정과 관련된 문제 등이다. 이러한 필요를 잘 아는 스펄전은 "신중한 목회자는 자신의 양 떼를 잘 살피고 저들의 상태에 따라 대하는 태도를 바꾼다"[44]라고 했다.

우리는 식탁 교제를 하거나 함께 봉사할 때, 또는 대화하는 가운데 성도들의 필요를 알 수 있다. 그 과정에서 심방, 전도에 대한 성도들의 열정, 헌금 등 교회의 흐름도 읽을 수 있다. 성도들의 가족과 친구 관계 및 가정들 사이의 관계, 교회의 권력 구조, 소외된 사람 등을 파악할 수 있다. 우리는 교회를 하나로 보고 있지만, "교회는 단지 매주 당신의 설교를 듣기 위해 앉아 있는 사람들의 모임이 아니다. 교회는 다양한 성격과 역할을 가진 독특한 개인들이 모여 있는 곳이다".[45]

우리는 오늘날의 교회들이 갖고 있는 다양한 모습에 민감해질 필요가 있다. 어떤 교회는 구성원이 바뀌면서 다른 나라나 다른 지역 기독교의 다양한 문화와 표현이 교회 생활에 반영되고 있다. 우리는 교회 생활에서 요구되는 중요한 측면들을 놓쳐서는 안 된다.

목회적인 필요를 알기

마지막으로 우리는 성도들의 필요 중 목회자가 채워주어야 할 것이 무엇인지 살펴보아야 한다. 여기에는 육체적 질병, 결혼 생활의 문제, 청년들이 겪는 어려움, 직장 문제 등 인생에 대한 다양한 고민이 포함된다. 우리는 이러한 문제가 성도들의 삶에 어떠한 영향을 미치는지 민감하게 살펴볼 필요가 있다. 성도들의 필요를 진단할 때는 그들이 누구나 가지고 있는 부정적인 태도와 감정을 어떻게 다루는지 파악해야 한다. 조지프 스토웰은 "사람은 누구나 욕심, 증오, 죄책감, 분노, 선입견, 성급함, 성욕, 미루기, 방종, 자존감 문제 등과 끊임없이 씨름한다"[46]고 말했다. 월터 라이펠드(Walter Liefeld)도 이에 동의했다. "우리는 성도들의 영적 필요와 개인적인 필요를 모두 생각해야 한다."[47]

설교계획을 세울 때, 우리는 폴 클리퍼드(Paul R. Clifford)의 조언을 기억해야 한다.

설교를 준비할 때, 먼저 성도들을 머리에 떠올리면 도움이 될 것이다. 머릿속에 성도들의 얼굴을 떠올릴 수 없거나 그들이 주일 아침에 성전 어디에 주로 앉는지 그 자리를 기억하지 못한다면, 또는 그들이 현재 겪고 있는 시련과 시험이 무엇인지 알지 못한다면, 그의 설교는 성도들의 마음에 와 닿지 못할 것이다.[48]

좋은 설교자는 목적의식을 가지고 목회적인 필요에 대응해 나간다.

사역을 위한 설교계획

이제 우리는 목적의식이 있는 설교계획을 세우기 위해 성도들의 영적 수준을 파악하고, 저들의 필요를 인식해야 한다는 사실을 알았다. 다음 단계로 우리가 설교자로서 교회에 어떻게 기여해야 하는지 살펴보도록 하자.

사역의 목표를 세우라

당신은 자신이 누구이고 하나님께서 당신에게 주신 소명이 무엇인지 잘 알고 있다. 자신의 장단점과 은사가 무엇인지, 지금 섬기고 있는 교회로 하나님께서 당신을 인도하신 이유도 분명히 잘 알고 있을 것이다. 이제 당신은 자신의 교회와 전반적인 사역에 걸맞은 목적 선언문(purpose statement)을 작성해야 한다. 당신의 은사와 소명, 교회의 영적 수준과 필요를 바탕으로 교회 리더들과 함께 상의하여 목표를 정할 수 있다. 다음과 같은 식으로 구성하면 된다. "나의 사역을 통해 성도들이 …하기를 소망한다."

퍼스트 얼라이언스 교회의 미첼 목사는 성도들을 평가하고, 자신의 소명과 교회의 영적 수준 및 필요를 파악한 뒤 다음과 같은 목적 선언문을 작성했다. "나의 사역을 통해 퍼스트 얼라이언스 교회 성도들의 신앙이 아동기에서 청소년기로 성장하기를 소망한다."

다음 단계를 구상하라

미첼 목사와 교회 리더들은 이 목표가 하루아침에 달성될 수 없다는 사실을 알고 있다. (물론 하나님께서 우리를 놀라게 하실 수도 있다.) 다음 단계는 목표를 세분화하여 매년 조금씩 실행에 옮기는 것이다. 성도들을 영적으로 한 단계 성장시키려면 향후 5년간 무엇을 해야 하는가? 구체적인 5개년 계획을 세우고 이 내용을 목적 선언문에 기록해야 한다. 또한 이를 이루기 위해서는 먼저 성도들이 어떻게 변화되어야 하는지 생각해보아야 한다. 예를 들어 '서로를 어떻게 대할 것인가', '무엇을 배울 것인가', '어떻게 전도할 것인가' 등이다. 목록을 모두 작성하면 각 항목을 목적 선언문으로 바꾸어 해마다 성도들의 모습에 어떤 변화가 나타나기를 원하는지 적으면 된다.

그런 다음, 내년의 목표를 향해 성도들을 1년 동안 어떻게 이끌어갈 것인지 설교계획을 세운다. 이러한 접근법은 의도적으로 설교자에게 목표 지향적인 설교계획을 세워야 한다고 강조하고 있으며, 우리는 이를 통해 분명 성도들이 영적으로 성숙해질 거라 믿는다.

조지프 스토웰은 목적의식이 있는 사역의 중요성을 강조했다. "우리의 사역이 진정으로 성공한다면 성도들의 삶이 변화되어 신앙 공동체가 발전하고 그리스도께 영광이 될 뿐 아니라, 세상의 반대 세력이 무너지고 다른 이들의 삶 가운데 구원의 역사가 일어나는 것을 경험하게 될 것이다."[49]

주일 강단을 제자훈련의 기회로 활용하라

구체적인 실행 계획을 세우라

내년 사역의 목표를 정했다면 이제 구체적으로 설교계획을 세워야 한다. 먼저 달력이나 종이, 혹은 컴퓨터에 설교 날짜를 기록한다. 공휴일이나 절기를 표시하고 휴가, 연수, 노회 모임, 선교 활동 등으로 설교하지 못하는 날을 표시한다. 그래야 언제 다른 교역자나 외부 강사가 설교하게 되는지 알 수 있다. 또한 이렇게 계획을 세워놓으면 당신이 설교를 직접 하지 못하더라도 다른 설교자가 그 주일에 주어진 본문으로 설교할 수 있다. 어떤 변수가 생겨도 계획에 충실한 설교가 이어지는 것이다.

그런 다음은 목적의식을 가지고 본문을 선택한다. 그렇게 선택한 본문들은 당신이 성도들을 영적으로 성장시키기 위해 세운 목표를 달성하게 해줄 것이다. 본문 선택에 관한 내용은 다음 장에서 더 자세히 다루도록 하겠다.

리더들과 함께 의논하라

마이클 퀵(Michael Quicke)은 다음과 같이 충고했다. "설교자나 리더들은 설교를 할 때 여러 사람과 함께 생각할 수 있는 방법(team thinking)을 도입할 필요가 있다. 어떤 설교자는 팀을 구성하여 설교준비나 평가에 도움을 받기도 한다."[50]

하나님은 당신을 한 교회의 목회자로 세우셨고, 당신의 은사를 통해 영광받으시기 원한다. 그런데 당신은 당신보다 그 교회에 먼저 왔거나 더 오래 남을 사람들과 함께 하나님을 섬기고 있다. 리더들의 영적 수준에 따라 다르겠지만, 이러한 팀을 구성할 수 있다면 사역은 더욱 풍성해질 것이다. 윌리엄 던클(William F. Dunckle)은 다른 사람들과 함께 설교를 계획하라고 권한다.

나는 중요한 사역을 분담하고 있는 몇몇 성도들과 함께 4년마다 우리 교회가 나아가야 할 방향을 제시하는 몇 가지 원칙과 목표를 세운다. 파이프오르간을 새로 구입하거나 주차장을 확장하는 일 같은 교회 시설 개선 문제뿐 아니라, 다양한 인종의 사람들을 만나고 지역 기도 모임을 활성화하는 것, 청년 부부를 위한 새로운 소그룹을 구성하고 신앙의 공동체 안에서 성도들이 서로 교감을 갖도록 하거나 자선사업의 예산을 늘리는 것 등을 모두 포함한다.[51]

교회의 모든 세부 사역은 당신이 세운 연간 목표와 전체적인 사역 목표를 달성하는 데 이바지할 수 있다.

결론

위에서 언급한 과정은 성도들의 신앙 성숙에 목표를 두고 설교 계획을 세울 수 있도록 틀을 제공해준다. (그러나 이것은 분명 시간이 걸리는 일이다. 누구든 하루아침에 성숙해질 수는 없다.) 브라이언 윌커슨(Bryan Wilkerson)은 다음과 같이 충고했다. "변화를 가져오는 설교는 비전과 의도와 방법이 융화된 계획이 있어야 가능하다. 그러나 여기에는 장기적인 안목이 필요하다."[52]

우리는 영적 성숙에 대한 장기적인 안목을 가지고 사역에 임할 필요가 있다. 첫째, 성도들의 영적인 나이를 파악한다. 둘째, 성도들의 필요가 무엇인지 구체적으로 인식한다. 셋째, 교회의 리더들과 함께 전체적인 사역의 목표를 세우고 목적이 있는 설교를 계획한다.

다음 장에서는 목적의식을 가지고 설교를 계획하는 방법에 대해 살펴볼 것이다.

5

목적이 있는 설교계획

계획은 효과적인 설교의 기본이다.

_윌리엄 브라운슨(William C. Brownson Jr.)

설교자는 왜 설교를 하는가? 설교의 목적은 무엇인가? 나는 이 책에서 설교가 주님의 제자를 양육하는 데 중요한 역할을 한다고 주장해왔다.

헨리 피터스마(Henry Pietersma)는 말했다. "하나님의 의도는 설교 그 이상이라고 할 수 있다. 설교는 끝나지만 하나님의 구원 목적은 그보다 오래 지속된다. 하나님은 설교가 청중에게 전해질 뿐 아니라, 듣는 이들이 선포된 말씀을 믿고 실천에 옮기기를 바라신다. 하나님은 우리가 그리스도 안에서 새로운 삶을 얻기 원하신다."[1] 우리는 성숙함, 즉 그리스도 안에서의 새로운 삶, 성스러움, 거룩함을 좇는다.

하지만 달라스 윌라드는 이렇게 주장했다. "많은 교회가 잘 못된 것을 측정한다. 우리는 성도들이 얼마나 예배에 잘 출석 하는지, 얼마나 많은 헌금을 했는지 따진다. 하지만 우리는 좀 더 근본적인 것, 즉 분노, 경멸, 정직, 그리고 정욕 등을 성도들 이 얼마나 잘 다스리는지를 살펴보아야 한다. 이러한 것들은 측정이 가능하다. 물론 헌금을 세는 것만큼 간단하지는 않다."[2]

오늘날 목회자와 리더, 그리고 교회는 성도들의 영적 성숙을 돌보고, 설교계획과 교회의 폭넓은 사역을 통해 이 부분을 다 루어야 할 책임이 있음을 인정하기 시작했다. 그들은 성도들의 영적 성숙에 집중하기 위해 교회 사역을 재평가하고 있다.

윌로우크릭 교회의 빌 하이벨스(Bill Hybels) 목사는 성도들이 영적으로 성장하지 못하고 있다는 내용의 보고서를 읽은 후 이 렇게 말했다. "존경하는 조언자들을 통하여 내가 30년 넘게 사 역해온 지역 교회가 생각만큼 영적으로 성장하지 못했다는 사 실을 전해 들었을 때 내 반응이 어땠을지 상상해보라."[3]

그 보고서의 내용은 다음과 같았다. "4명 중 1명은 영적 성장 이 지체된다고 느끼거나 교회에 만족하지 못하는 상태였고, 많 은 사람이 교회를 떠날 것을 고려하고 있었다."[4]

달라스 윌라드는 전반적인 교회에서 이와 같은 문제점이 나 타난다고 했다. "매주 새로운 사람이 교회에 등록하지만 동시 에 많은 사람이 교회를 떠나고 있다. 제자훈련에 대해 진지하

주일 강단을 제자훈련의 기회로 활용하라

게 고민하지 않은 결과, 많은 그리스도인들이 실망을 안고 떠나가는 것이다."[5]

그러므로 설교의 주요 역할이 제자훈련이어야 함은 자명하다.

성숙을 향한 움직임

교회마다 그 모습이 다르다. 그래서 설교를 통한 영적 성장의 방향을 잡기 위해 회중을 평가하려면 깊이 생각하고 기도하는 마음으로 해야 한다. 우리의 목표는 성숙이다. 하지만 목표에 도달하는 길은 멀고도 험하다.

필립 더글러스(Philip D. Douglass)는 말했다. "영적으로 성숙한 사람들이 꼭 서로 잘 어울린다는 보장은 없다. 보통은 동일한 궁극적 목표를 가지고 있지만, 그 목표를 달성하기 위해 가장 적합한 방법을 택하는 데에 모두 동의할 것이라는 확신은 없다."[6] 하지만 우리가 성숙을 향한 움직임이라는 목표를 진지하게 받아들인다면, 우리는 사람들을 그 목표로 이끌기 위해 조심스럽게 협력하기 원할 것이다.

나는 "모든 민족을 제자 삼는 것과 제자들을 굳건하게 세우는 효과적인 설교에 달려 있다"고 믿는다.[7] 또한 목적이 있는 설교계획은 누적 효과가 있어서 이전까지 쌓아온 것에 새로운 것이 더해진다. 이렇게 층층이 쌓인 설교의 가르침은 믿음의 공동체 그리고 장기적인 목표를 염두에 두고 있다. 웨슬리 앨런(O. Wesley Allen Jr.)은 이를 이면적 접근법(bifocal approach)이라고 부른다.[8] 그 결과는 성숙을 향한 움직임이다. 사람들이 그리스도처럼 거룩하고 성스러운 하나님의 자녀가 되는 것이다.

하지만 이 목적을 위해 설교하려면 시간과 노력을 많이 들여야 한다. 3장에서도 언급했지만 많은 설교자가 자신이 설교하는 이유에 대해서는 거의 생각해보지 않는다. 본문을 선택하고 설교를 준비할 때 계획을 세우지도 않는다. 이는 어제오늘의 문제가 아니다. 필립스 브룩스(Phillips Brooks)는 예일 대학교에서 설교학을 강의하면서 목적 없는 설교에 대해 다음과 같은 우려를 나타냈다.

여러분은 사역자입니다. 하나님의 진리로 사람들을 이끌고 하나님의 메시지를 전달해야 합니다. 광범위한 하나님의 계시와 인간의 의무가 여러분 앞에 펼쳐져 있습니다. 그러면 이제 어떻게 해야 할까요? 대부분의 사역자는 순서도 없고, 진전도 없고, 일련의 목적도 없이 가르칩니다. 단계별로 질서 정연한 순서를 밟아 마무리를 짓는 법이 절대로 없습니다. 진리의 바다를 떠다니며 기분 내키는 주제, 또는 가볍고 표면적인 대화를 통해 많은 사람들이 원하는 것이라 생각되는 주제를 따라 여기저기 빠져봅니다. 결국 성도들은 그 어떤 가르침도 받지 못했습니다. 교회에 가는 성도 중에 여러분이 그 주일에 무엇을 설교하는지 아는 사람은 아무도 없습니다. 설교

주일 강단을 제자훈련의 기회로 활용하라

를 들을 준비를 미리 할 수 있는 방법이 전혀 없는 것입니다.[9]

월터 러셀 보위는 설교준비에 드는 노력에 대해 다음과 같이 말했다. "사람들의 마음을 채워줄 진정한 설교는, 빈 땅에서 익은 곡식을 거둘 수 없듯이, 한순간에 탄생할 수 있는 것이 아니다. 땅을 고르고, 씨를 뿌리고, 인내를 가지고 경작할 준비를 거쳐, 가장 중요한 성장의 기간에 대해 신뢰하며 기다려야만 수확을 얻을 수 있다."[10]

영적 성장을 돕는 설교법

이 책의 1장에서 다양한 설교 방법에 대해 전반적으로 살펴보았다. 설교자들은 설교를 계획할 때 다음 방법들을 기억할 필요가 있다.

강해 설교

강해 설교에 관한 해돈 로빈슨의 정의를 살펴보자. "강해 설교란 하나님의 생각, 즉 성경 본문의 배경을 역사적, 문법적, 문자적, 신학적으로 연구하여 발굴하고 알아낸 성경적 개념을 전달하는 것으로 성령님이 그 개념을 우선 설교자의 인격과 경험에 적용하고 설교자를 통하여 다시 회중에게 적용하는 것이다."[11]

월터 러셀 보위는 "설교 방법 중에 가장 많이 오해하고 있거나 제대로 실행하지 못하는 것이 바로 강해 설교이다"라고 하면서 이렇게 말했다.

본래 강해 설교는 성경의 한 부분을 직접적으로 조명하고 해석하는 것으로, 주로 긴 구절들을 다루는 게 특징이다. 문제는 설교자들이 긴 본문을 대하면 어리둥절해하고 말씀을 전체적으로 한눈에 보지 못한다는 것이다. 설교자는 마치 맹인이 지팡이로 더듬거리며 길을 찾듯이 이어지는 구절에 따라 대강의 해설을 적는다. 그러나 효과적으로 성도들의 생각을 이끌어가려면 성경 구절의 뜻과 구절 간의 관계 그리고 그 상관관계에서 나타나는 의미 전체를 볼 수 있어야 한다. 단순히 세부적인 핵심 사항 몇 가지를 늘어놓는 기계적 작업이 아니다. 창의적인 통찰력을 가지고 말씀 전체가 무엇을 의미하는지 선별하고 요약하고 정리하여 정확한 의미를 전달할 수 있어야 한다.[12]

강해 설교는 성경 말씀에 근거를 둔다. 성도들에게 말씀의 의도와 내용, 그리고 적용까지 전달하는 것이다. 브라이언 채플은 다음과 같이 말했다. "강해 설교는 설교자에게 성경 본문을 가리키며 그것을 출발점으로 삼으라고 한다."[13] 나는 개인적으로 강해 설교를 선호한다. 강해 설교가 앞으로 논의하게 될 다양한 설교 접근법의 전제 조건이 될 것이다. 성경 말씀을 바탕으로 설교를 하고 말씀의 진정한 뜻과 의미를 성도들에게 가르치는 것이 신앙 성숙의 핵심이다.

교리문답 설교

교회의 영적 성숙을 돕는 설교법 중 하나가 교리문답 설교이다. 어린 학생들과 믿음의 제자들이 설교와 교리, 그리고 교리문답을 통해 믿음 안에서 양육된다. 윌리엄 칼은 말했다. "위대한 설교자들은 설교를 통한 신앙 교육의 중요성을 모두 인정한다. 설교자마다 강조하는 정도만 다를 뿐이다. 아우구스티누스는 설교의 주요 역할이 교육, 특히 교리 교육이라고 믿었다. 설교는 기독교를 가르치는 것이고 설교의 목적은 성도를 가르치는 데 있다. 장 칼뱅이 말한 거의 그대로다."[14]

교리문답 설교는 삼위일체, 성경론, 구속사, 영광스러운 복음, 믿음, 교회의 신조나 교리, 주기도문, 십계명, 성례 그리고 다양한 교리문답(루터, 칼뱅, 제네바, 하이델베르크, 웨스트민스터, 침례교, 영국성공회 등)을 포함한다.[15]

패커(J. I. Packer)와 게리 패럿(Gary Parrett)은 "교리 교육은 진정 성경적인 아이디어다"라고 언급한 뒤, "교리 교육은 사실 성경적인 의무이다. 하지만 교회는 이 중요한 사역에 대한 하나님의 뜻을 지키지 못했다"[16]며 안타까움을 토로했다. 우리는 지상 명령과 성경 말씀에 부합되고 그 뜻에 순종하는 교리문답 설교를 통해 성도들을 가르칠 수 있다.

논증적 설교

사도행전 7장에 나오는 스데반의 설교가 분명 전도와 선교를 지향하기는 하지만, 그 특성을 살펴보면 논증적임을 알 수 있다. 그는 설교를 통하여 메시아를 알아보지 못하는 이스라엘의 무지를 나무란다. 사도행전 17장에 나오는 바울의 설교 역시 논증적이다.[17]

논증적인 설교는 내부적 쟁점, 즉 성도들이 가지고 있는 신앙적 의문과 그리스도인들에게 논란의 여지가 있다고 생각되는 주제에 초점을 맞추는 경향이 있다. 옷차림이나 음주처럼 생활과 관련된 문제, 세례처럼 교리적인 문제 등을 예로 들 수 있다. 안타깝게도 설교자들은 간혹 자신과 다른 입장에 있는 종교인들이나 사람들을 공격할 때 논증적인 설교를 사용한다. 논증적 설교에 항상 갈등이 따르기는 하지만 설교학적 관점에서 보면 어느 정도의 논쟁은 의미가 있다. 논쟁은 믿음에 대한 확신을 심어줄 뿐 아니라 그것을 주의 깊게 듣는 사람들에게 유익을 준다.

교리 설교

교리 설교는 한마디로 교회가 포용하는 성경의 위대한 교리들에 대해 설교하는 것이다. 윌리엄 칼은 "논증법을 포함한 교리 설교는 설교의 조직 폭력단을 구성해 강요하려는 의도가 아니라, 그리스도인이 자신의 정체성을 더욱 잘 이해할 수 있게 도우려는 것이다"[18]라고 지적했다. 또한 스티븐 패리스는 "교리 설교 시리즈는 교회의 오랜 관습이다. 초대교회에서는 주로 세례를 받는 성도에게 교리문답 형태로 가장 많이 행해졌다"[19]고 설명했다.

솔로몬 윌킨(Solomon Wilken)은 교리 설교의 중요성을 간파하고, 이를 위한 설교계획을 세우는 것이 핵심이라고 여겼다. "많은 목회자가 달력을 무시한 채 생각나는 대로 성(sex)에 대해 또는 다른 주제에 대해 설교한다. 그렇게 하는 이유는 자신이 지루해하지 않기 위해서다."[20]

교리 설교에는 하나님의 섭리(God's sovereignty), 예정론(election), 삼위일체(the Trinity), 구원론(soteriology), 그리스도의 신성(the deity of Jesus Christ), 속죄(atonement), 성화(sanctification), 칭의(justification) 등의 교리가 포함된다.

변증 설교

변증 설교는 신앙을 옹호할 뿐 아니라 성도들에게도 그렇게 하도록 권면한다. 크레이그 로스칼조는 변증 설교에 다음과 같이 접근한다. "설교를 준비하면서 스스로에게 질문을 던진다. **이 설교를 듣고 성도들이 신앙을 더욱 자신 있게 옹호할 수 있을까? 나는 그들의 믿음을 더욱 단단하게 하고 신앙을 지킬 수 있게 도와주고 있는가?**"[21]

변증 설교는 설교자가 복음을 전하고 기독교 신앙을 옹호할 수 있게 해준다. 설교자는 의도적으로 변증적인 요소를 설교에 덧붙이거나 특정한 내용의 변증을 목표로 삼고 설교할 수 있다. 특별히 성탄절이나 부활절이 변증 설교를 고려하기에 좋은 시기이다.

성서정과에 따른 설교

성서정과는 설교자들에게 유익한 길잡이를 제공한다. 어떤 사람은 성서정과에 설교 본문이 미리 정해져 있다는 사실에 안도하며 다음과 같이 말한다. "성서정과에 따른 설교는 주일예배를 통해 듣게 될 설교의 본문과 설교자들이 읽고 묵상할 말씀을 직접 선택할 수 없다는 측면에서 제자훈련과 매우 밀접하게 연관되어 있다."[22] 반면, 성서정과와 교회력의 사용을 강력히 비판하는 스펄전은 다음과 같이 주장했다.

개인적으로, 많은 설교자들이 눈에 띄는 실수는 하지 않지만, 성도들에게 감동을 주는 최고의 설교를 하지 못하는 이유는 성령의 인도하심을 기다리기보다 무작정 습관적으로 이미 정해져 있는 순서에 따라 절기에 맞춰 설교 본문을 선택하기 때문이라 해도 과언이 아니라고 생각한다.[23]

한편 로널드 앨런(Ronald Allen)은 다음과 같은 점을 우리에게 상기시킨다. "성서정과는 복음 전달과 교회의 목적을 위해 존

재한다."[24] 그는 또한 "교회력에서는 정경(canon)에 의해 절기를 따르게 되어 있고, 특히 두 주요 절기에 그렇게 한다. 성경을 자체로 해석하기보다는 계절별 주제에 따라 의미를 전달하게 된다"[25]라고 주장했다. 클레벌리 포드도 이에 동의한다. "설교자는 성서정과를 참고하되 그것에 의존해서는 안 된다. 설교자는 성서정과에 따라 수업을 하는 교사가 아니다. 설교자이기 이전에 목회자다. 설교를 할 때도 성도들의 필요에 따라 그들을 돌보는 목자가 되어야 한다."[26]

주제 설교

주제 설교란, 설교자가 성도들의 영적 성장을 위해 적절한 주제를 골라 설교하는 것이다. 조직신학에서 여러 신학적인 주제와 제목을 다루듯이 주제 설교도 구체적인 쟁점을 성경의 한 구절이나 여러 구절을 통해 설교한다. 내가 섬기던 교회의 경우, 한번은 리더들이 찾아와 우리가 믿는 기독교의 기본 진리에 대해 설교하면 어떻겠냐고 제안했다. 그래서 나는 '우리가 믿는 것'이라는 주제로 매달 성찬식을 하는 첫 주일에 시리즈 설교를 했다. 이를 통해 교회의 신조와 교리를 재확인하는 값진 시간을 가질 수 있었다.

티머시 워렌(Timothy Warren)은 "주제 설교의 문제는 '주제'에 있지 않다. 본문 말씀을 제대로 설명하지 못할 때 문제가 발생한다"[27]라고 했다. 성서정과에 따른 설교와 마찬가지로 주제 설교는 이미 정해진 본문을 따르기 때문에, 설교자가 본문과 설교 내용이 일치하도록 노력해야 한다. 20세기 초, 하워드 챈들러 로빈스(Howard Chandler Robbins)는 주제 설교에 대하여 날카롭게 지적했다. "주제 설교를 할 때 빠지기 쉬운 오류는 말씀에 근거하지 않은 주제를 선택하는 것이다. 많은 설교자가 말씀보다 시사적인 주제를 다루려는 경향이 있다. '뮌헨에 평화가 지속될까?'와 같은 주제는 설교보다 신문 사설이나 에세이, 지역 주민 회의에 더 적합할 것이다."[28] 이처럼 본문을 신중하게 선택하지 않으면 주제를 정해 설교를 작성해놓고 설교 본문을 끼워 맞추는 격이 된다.

연속 강해 설교

성경 각 권을 설교하는 것은 오래전부터 설교자들이 사용해 온 방법이다. 안디옥의 사제였고 콘스탄티노플의 대주교를 지낸 크리소스토무스는 강해 설교가로 널리 알려져 있다. 울리히 츠빙글리(Ulrich Zwingli)는 크리소스토무스와 아우구스티누스에게서 영감을 받아 마태복음을 설교했고, 장 칼뱅 역시 이들에게 영감을 받아 츠빙글리의 방법을 따랐다.[29]

휴 올리펀트 올드는 성경 각 권을 설교하는 것에 대해 다음과 같이 말했다.

처음으로 베드로전서를 설교했을 때, 성도들은 기독교 윤리를 강조하는 설교에 익숙해져 있었다. 하지만 기독교의 기본 진리에 대해서는 잘 알지 못했다. 그래서 구원의 믿음(벧전 1:3-9), 그리스도인의 소망(벧전 1:13-21), 중생(벧전 1:22-2:3), 왕 같은 제사장의 영적 예배(벧전 2:4-10)에 더 많은 시간을 할애했다. 반면, 그리스도인 가정의 윤리생활(벧전 2:11-3:12)은 한 번의 설교로도 충분했다.

휴 올리펀트 올드는 성도들의 영적 필요와 설교 방법에 따른 본문 선택의 중요성을 깊이 이해했다. 그는 더 나아가 "내가 다른 교회에서 설교를 했다면 내 설교의 초점은 달라졌을 것이다. 예를 들어, 그리스도인의 사회적 책임(벧전 2:13-17), 까다로운 주인을 향한 충성(벧전 2:18-25), 그리고 남편과 아내의 역할(벧전 3:1-7)에 대해 각각 설교할 수도 있다"라고 말했다.[30]

로버트 앤더슨(Robert Anderson)은 이렇게 고백했다.

지난 수년간 성경 중 한 권을 선택해 첫 장부터 마지막 장까지 한 구절씩 체계적으로 설교하는 것을 좋아했다. 무작위로 말씀을 선택하기보다 체계적으로 설교할 때 성도들에게 좀 더 균형 잡힌 양식을 제공할 수 있고 간과하기 쉬운 영적 부분까지도 다룰 수 있다.[31]

시리즈 설교

시리즈 설교는 하나의 목적을 가진 여러 개의 설교를 계획하고, 이를 영적 성숙이라는 큰 그림에 맞게 구성한 것이다. 시리즈 설교는 교리문답 설교, 논증적 설교, 교리 설교, 또는 변증 설교나 주제 설교로 할 수 있지만, 그 형태는 언제나 강해 위주여야 한다. 크레이그 브라이언 라슨(Craig Brian Larson)은 시리즈 설교를 이와 같이 정리했다. "힘 있는 시리즈 설교는 공통적인 주제를 다루는 네 편의 설교보다 나을 수 있으며, 설교의 부분들을 합해 놓은 것 이상의 효과를 볼 수 있다. 힘 있는 시리즈 설교는 협력이 잘되는 팀과 같다."[32]

그렇다면 시리즈 설교의 기간은 어느 정도여야 할까? 설교자에 따라 다를 수 있다. 해럴드 브라이슨은 "시리즈 설교를 하는 기간을 누군가 단독으로 정할 수는 없다. 지난 수년간 기독교계 설교자들이 다양한 기간을 정하여 성경 각 권을 설교해왔다. 어떤 설교자는 한 권을 수년간 설교한 반면, 몇 주나 몇 달 이내에 마쳤던 설교자도 있었다"[33]라고 말했다.

계획을 세울 때는 첫해 목표를 달성하기 위해 무엇이 필요한지, 그리고 이 시리즈가 전체적인 사역의 목적에 어떻게 부합하는지 알아야 한다. 다양한 시리즈 설교는 단순히 성경 중 한 권을 여러 달 설교하는 것보다 청중의 호응을 더 얻을 수 있다.

시리즈 설교를 창의적으로 해보고 싶다면 다음을 참조하라.

- 정해놓은 시리즈 설교를 매달 한 주일에만 설교한다.
- 하나의 시리즈 설교를 이따금씩 한다. 예를 들어 요한복음을 본문으로 삼아 예수님에 대한 내용을 설교한다고 해보자. 이때 다

른 시리즈 설교와 병행하여 좀 더 다양한 내용을 설교하고 싶다면, 요한복음 여덟 편을 시리즈로 설교한 뒤 다른 시리즈를 이어서 설교할 수 있다. 두 번째 시리즈 설교가 끝나면 다시 요한복음 시리즈로 돌아와 몇 주간 더 설교한다.

• 하나의 시리즈 설교를 2년 동안 나누어서 한다.

달력에 따른 설교

설교 접근 방법과 더불어 다양한 계획 방법을 모색해야 한다. 앤드루 블랙우드는 "가장 간단하게 계획하는 방법은 달력을 따르는 것"[34]이라고 했다.

달력에도 여러 종류가 있다. 어떤 설교자는 1월부터 12월까지의 연간 달력을 따른다. 학기(school year)에 맞춰 설교계획을 세우는 설교자도 있다. 이런 경우, 여름 방학은 새로운 주제로 설교할 수 있는 기간이 된다.

설교자는 성도들이 어떤 달력에 따라 생활하는지 알아야 한다. 달력에 따라 설교계획을 세우는 것이 좋긴 하지만, 기념일이나 교단이 정해놓은 행사로 제자훈련에 차질이 생겨서는 안 된다. 기념일 중에는 독립기념일과 같이 의미를 기릴 만한 날도 분명히 있지만, 이를 주제로 설교하는 것이 성도들을 훈련하는 데 별다른 도움이 되지 않을 수도 있다. 기도 시간이나 광고 시간에 기념일이나 교단의 주요 행사들을 알리는 것은 좋다. 그러나 이런 것들을 설교의 중심 내용으로 삼는 것은 적절하지 않다.

교회력에 따른 설교

교회는 오래전부터 교회력을 따랐다. 존 킬링거(John Killinger)는 "교회력은 교회의 연간 예배와 설교를 준비하는 데 사용해 온 것으로, 그리스도의 삶과 기독교의 기본 교리를 강조하며 하나님의 말씀을 극대화한다"[35]고 말했다.

비국교파(freechurch, 자유교회파) 교회들은 교회력을 가톨릭의 잔재로 여겨 오랫동안 따르지 않았다. 청교도들은 성탄절과 부활절도 지키지 않았다. 적어도 오늘날 대부분의 개신교 교회는 완화된 교회력을 따른다. 주요 절기를 강조하고 교회력을 바탕으로 한 성서정과를 활용한다.[36]

교회력에 따라 설교할 때 복음이 강조된다. 목적이 있는 설교계획은 교회력을 설교준비 과정의 틀로 삼아 깊이 있는 설교를 준비할 수 있게 해준다.

전략적인 설교계획 세우기

설교를 통하여 성숙한 성도들을 세워나가기 위해서는 목적과 전략이 필요하다. 스티븐 러미지(Stephen Rummage)는 "명확한 설교 전략은 설교계획의 목표와 우선순위가 한눈에 보이도록 해줄 것"[37]이라고 했다. 다음 사항을 잘 따른다면 누구나 설교계획을 성공적으로 세울 수 있을 것이다.

시간을 확보하라

계획을 세우기에 적절한 시기가 언제인지는 누구보다 당신이 가장 잘 안다. 며칠간 혼자만의 시간을 보낼 수도 있고 교회 리더들과 함께 수련회를 갈 수도 있다. 어떤 방법을 사용하든, 가장 중요한 것은 시간을 내어 기도하고, 묵상하고, 평가하고, 목표를 세우고, 설교를 계획하는 것이다.

목적이 있는 설교계획을 세우려면 시간이 많이 필요하다. 하지만 시간을 투자하는 것이 결국에는 시간을 버는 일임을 깨닫게 될 것이다. 일단 성도들을 영적으로 성장시킬 수 있는 목표를 정하고, 그 목표에 맞게 설교계획을 세우고 나면 매주 본문을 선택해야 하는 부담감이 사라진다. 그렇게 되면 설교준비에 더 많은 시간을 할애할 수 있다. 또한 설교의 주제들을 미리 알고 있기 때문에 독서와 묵상을 통하여 설교에 필요한 예화나 각종 자료들을 사전에 여유 있게 모아서 정리할 수 있다.

마셜 셸리는 다음과 같이 주장했다. "부모는 아이에게 늘 건강에 좋고 맛있는 음식을 차려주기 원한다. 목회자 역시 가족을 먹이는 역할을 한다. 다양한 교단의 목회자를 인터뷰한 결과 하나의 공통분모가 드러났다. 균형 잡힌 다이어트는 저절로 이루어지지 않는다는 것이다. 목회자들은 성도들을 위해 건강한 식단을 짜야 한다."[38]

나는 설교자들에게 계획을 세울 시간을 확보하라고 강조하는 글을 많이 보았다. 심지어 언제 해야 하는지 정해주는 책도 있었다. 하지만 나는 당신에게 계획의 시기를 알려주려는 것이 아니다. 가장 적절하다고 생각하는 때에 시간을 내어 계획을 세우라고 격려하고 싶다.

검토하라

4장에서 다룬 설교계획의 과정과 부록에 제시되어 있는 설교계획 길잡이는 제자훈련 중심의 설교계획을 어떻게 평가하고 실행해야는지 단계별로 보여준다. 건강한 설교를 위해서는 평가가 꼭 필요하며, 이는 당신과 성도 모두를 위한 것이다. 화이트(R. E. O. White)는 "당신의 사역을 검토하라"고 충고한다. 필요에 따라 계획을 수정하고 재조정하기 위해서는 이미 설교계획을 실행하고 있더라도 그 영향력을 반드시 검토해보아야 한다. 적어도 연간 평가를 통해 성도들의 영적 수준이 연간 목표치와 전체 목표치에 얼마만큼 도달했는지 파악해야 한다. 그리고 필요에 따라 계획을 수정하거나 재조정할 수 있어야 한다.

또한 본인의 영적 상태도 지속적으로 검토해야 한다. 해럴드 존 오켄가는 진솔하게 고백했다.

직업이 곧 삶이며 삶이 곧 직업이다. 나는 직접 체험해보지 않아 확신이 없거나 소망 없는 진리는 선포할 수 없다. 그래서 가정생활, 경건 시간, 학회 활동, 휴가, 여행, 독서는 늘 나에게 설교를 위한 준비 과정이 된다. 어떤 설교도 자신이 체험하고 있는 영적 수준을 능가할 수 없다.[39]

실행하라

조지 마일스 깁슨은 잘 짜여진 계획의 중요성에 대해 언급했다. "계획하는 것보다 중요한 것은 계획을 '잘하는' 것이다."[40] 설교계획을 비판하는 이들은 계획을 세우는 것이 오히려 성령의 역사를 방해한다고 주장할지도 모른다. 하지만 존 킬링거는 이 생각에 반대했다. "성령의 역사는 계획함으로 말미암아 방해받지 않는다. 오히려 더욱 강해진다."[41]

기도로 계획하고 신중히 검토한 후에는 그 계획을 실행에 옮기라. 나는 그동안 사역을 하면서 성도들이 원하는 것과 필요한 것이 다를 수 있음을 깨달았다. 제자훈련 중심의 설교계획은 성도들의 신앙이 하나님께서 원하시는 단계까지 성장하도록 돕는다. 브라이언 채플은 주장했다. "설교 본문을 선택할 때, 성서정과를 이용하든, 개인적으로 설교계획을 세우든, 예배 위원회를 만들든, 성경 중 한 권을 선택해 연속 강해 설교를 하든, 성도들의 요구를 수용하든, 그 어떤 방법과 상관없이 설교자는 성도들이 듣고 싶어 하는 것뿐 아니라 듣고 싶어 하지 않는 것까지도 가르쳐야 한다."[42]

설교계획은 신성불가침 영역이 아니라는 것을 기억하라. 사역을 하다 보면 국가적으로, 지역적으로 또는 교회 내에서 전혀 예상치 못한 사건이나 문제가 발생하기도 한다. 이럴 때 반드시 설교계획을 재정립할 필요가 있다. 위기 상황에서의 설교를 연구한 데이비드 비버스(David Beavers)는 참사나 재난이 발생했을 때 이에 대한 설교를 하기 위해 계획을 재조정한다는 것이 쉽지 않음을 인정했다.

이미 준비된 설교 내용을 갑자기 바꾸는 것은 쉬운 일이 아니다. 만약 해야 할 설교가 달력이나 성경 각 권과 밀접하게 관련된 중요한 시리즈의 일부라면, 전후의 설교에 영향을 끼칠 수 있다. 이처럼 갑작스러운 위기가 발생하면 설교자는 딜레마에 빠질 수밖에 없다. 왜냐하면 다음 설교를 위해 이미 많은 시간과 노력을 투자했기 때문이다.[43]

국가나 지역사회 또는 교회에서 발생한 위기를 외면한다면 이는 설교자의 무관심과 부족한 현실감각을 드러내는 것이다. 나는 아직도 2001년 9월 11일, 뉴욕에 테러가 발생한 바로 다음 주의 주일예배를 기억한다. 설교자는 기도할 때 이 사태를 잠깐 언급했을 뿐, 설교 중에는 이 엄청난 사건에 대해 아무런 말도 하지 않았다. 많은 성도들이 그 사건을 향한 하나님의 음성을 듣기 위해 기다리고 있었지만 모두 아쉬운 마음으로 예

주일 강단을 제자훈련의 기회로 활용하라

배당을 떠날 수밖에 없었다. 왜냐하면 설교자가 본인이 계획한 시리즈 설교를 고집했기 때문이다. 데이비드 라센(David Larsen)은 "어떤 시리즈 설교든 중간에 수정할 수 있어야 한다"고 주장했다. 또한 "국가나 지역에 위기가 닥쳤을 때 성도들이 성경적으로 그 상황을 이해하고 해석할 수 있도록 시의적절한 설교가 필요하다"[44]고 덧붙였다.

본문 선택에 유의하라

설교계획을 신중히 검토하고 계획서를 작성한 뒤에는 다음 해에 전할 설교를 위한 본문을 선택하라. 설교에는 목적이 있기 때문에, 어떤 본문과 시리즈와 설교 접근법을 선택해야 성도들이 성숙해질 수 있는지 의도적으로 고려해봐야 한다는 사실을 기억하라. "본문이나 주제를 무작위로 선택하면 비슷한 설교가 반복되기 쉽고"[45] 이러한 접근법은 제자훈련을 하는 설교자에게 아무런 의미가 없다. 유진 홀(E. Eugene Hall)과 제임스 헤플린은 "자신이 좋아하고 설교하기 쉬운 본문만 선택하는 설교자는 주관적으로 변하고 결국 성경 전체를 바라보는 시각이 좁아질 것"[46]이라고 지적했다. 캐시 제네바 캐넌(Katie Geneva Cannon)은 "조금이나마 분별력이 있는 사람이라면 설교자의 머릿속에 떠오르는 개념들이 모두 하나님께로부터 나오는 것은 아니라는 사실을 알 것이다"[47]라고 이야기했다. 우리는 목적의식을 갖고 기도하는 마음으로 교회 리더들과 함께 계획을 세워야 한다.

내년 사역의 목표를 겨냥한 목적 선언문(4장 참고)을 바탕으로 그 목적을 달성하는 데 필요한 설교계획을 세우라. 사역의 목표를 달성하는 데 총 5년이 걸린다 해도 그 방향에 맞게 나아갈 수 있도록 매년 주어진 연간 목표를 달성해가야 한다. 우리가 매번 설교할 때마다 그해의 연간 목표는 물론, 향후 5년의 목표 달성을 향해 한걸음씩 나아가는 것이다.

성경의 각 권을 설교하는 것은 다양한 영적 단계에 있는 성도들에게 성경의 내용을 전달해줄 뿐 아니라, 그 책들이 하나님의 말씀 전체에서 어디에 해당하는지 성도들이 이해할 수 있도록 해준다. 하지만 특정한 영적 단계에 있는 성도에게 어떤 본문을 전해야 하는지는 설교자, 즉 계획을 세우는 사람이 신중하게 판단해야 한다.

미성숙한 회중은 신앙의 기본 진리를 이해하지 못하기 때문에, 이사야서처럼 심오한 책은 소화하기 어려울 수 있다. 이럴 경우, 마가복음으로 시작하면 더 많은 말씀을 소화할 수 있다. 갈등이 잦은 청소년기의 교회에서는 고린도전서를 설교할 수 있다. 아동기에 있는 교회는 교회론에 대한 시리즈 설교(교회 신조를 바탕으로 한 교리문답 설교)가 적절할 것이다. 하지만 이는 모두 예시에 불과하다. 중요한 것은 시리즈 설교나 주제 설교를 위해 선택된 본문들이 성도들의 영적 수준에 맞고 교회의 목표를 달성하는 데 기여할 수 있어야 한다는 점이다.

본문을 선택할 때는 그 본문이 사고(思考) 단위가 하나인지 구분해야 한다. 사고 단위는 주로 한 단락(paragraph)이지만 한 부분(section)이나 책 전체가 될 수도 있다. 우리는 성경 저자의 의도를 발견해내야 한다. 본문의 형식에 따라 사고의 단위도 달라질 수 있다. 예를 들어 잠언은 한 구절 속에 사고 단위가 있거나 여러 문장이 주제별로 묶여 있다. 시편 같은 경우는 연이나 절로 나뉘어 있기 때문에 사고 단위를 구분하는 것이 쉽지 않다. 서사적 본문을 설교할 때는 그 이야기를 담고 있는 범위가 하나의 넓은 문학적 단위를 이루게 된다.[48]

다시 검토하라

이 단계는 검토 작업이 지속적으로 이루어져야 한다는 사실을 기억하게 해준다. 특히 설교가 성도들의 영적 성숙에 미치는 영향력을 생각하면 더욱 그렇다. 설교계획을 실현하는 시작 단계에서 특정한 부분에 많은 관심을 기울이고 계획보다 더 많은 시간을 할애해야겠다고 생각할 수 있다. 아니면 반대로 어떤 주제에 지나치게 많은 시간을 할애하여 오히려 그 기간을 줄여야겠다고 생각할지도 모른다. 때로는 특정 주제를 연말이나 다음 해로 미뤄야 하는 경우가 발생하기도 한다.

리더들과 협력하여 주님이 당신의 설교계획을 통해 무엇을 이루어가고 계신지 검토하고, 기도하는 마음으로 어떤 변화를 주어야 할지 결정해야 한다. 검토와 피드백은 설교자에게 매우 유용한 도구이다.[49]

결론

이 책을 집필한 이유 중 하나는 목적이 있는 설교계획이 개인과 교회의 영적 성장에 얼마나 중요한지 강조하기 위해서이다. 설교학을 연구한 로리 캐럴에 따르면 "조사 결과 35퍼센트의 성도는 교회의 다른 사역보다 설교가 '나의 영성에 가장 큰 영향을 끼친다'라고 응답했다".[50] 이 연구 결과를 처음 본 사람은 '대단한데?'라고 생각할 수 있겠지만 좀 더 신중하게 생각해보면 결과에 대해 실망하지 않을 수 없을 것이다. 설교에 영향을 받는 성도가 35퍼센트에 불과하다면 실망스러울 정도로 낮은 수치 아닌가? 나는 이 책을 통해 설교에 대한 당신의 시각이 변화되고, 당신의 설교를 통해 성도들도 함께 변화기를 원한다.

주일 강단을 제자훈련의 기회로 활용하라

6

제자훈련 중심의 설교를 위한 지침

한 청교도는 책을 구입할 때마다 표지에 자기 이름을 쓴 후
그 밑에 두 문장을 남겼다고 한다.
"너는 말씀의 제사장이다. 그 외엔 신경 쓰지 마라."
_로버트 매크래켄(Robert J. McCracken)

제자훈련, 설교자의 사명

설교자의 사명은 말씀을 통하여 성도들이 예수 그리스도 안에
서 성숙해지도록 돕는 것이다. 나는 그동안 크게 주목받지 못
했던 제자훈련을 위한 설교를 집중해서 다루고자 이 책을 집필
했다. 지금까지는 설교를 하는 이유와 제자훈련이라는 목적의
식을 가지고 설교계획을 세우는 방법을 살펴보았다. 마지막 장
에서는 앞에서 다룬 내용을 다시 한 번 되짚어보고, 제자훈련
이라는 목적을 가지고 설교할 때 우리 앞에 다가오는 새로운

목표와 도전에 대해 살펴볼 것이다.

만약 우리의 목표가 제자훈련 및 성도들의 신앙 성숙이라면 우리의 설교와 성도들을 향한 메시지는 결코 가벼워질 수 없다. 벤 패터슨(Ben Patterson)은 말했다. "좋은 설교는 심령을 찌른다. 심판의 경고에 구원의 말씀이 따르듯, 우리가 상상할 수 없을 만큼 우리의 이성과 영혼을 울리는 강력한 복음이 선포되기 때문이다. 우리는 설교로써 성도들의 모든 영역에 도전을 주어야 한다."[1] 조너선 리먼(Jonathan Leeman)은 "성경에서 하나님은 우리가 순종하고 듣고 회개하기를 명하신다. 하나님은 우리의 고집스러운 근성을 지적하신다. 설교자의 역할도 이와 비슷하다. 말씀을 통해 지적하는 것이다"[2]라고 했다.

기억하라. 성도들은 성장 과정을 거친다. 이유식에서 고형식으로 넘어갈 때 음식물을 삼키는 것이 쉽지 않지만 성장을 위해서는 그 단계가 꼭 필요하다. 우리는 영적으로 계속해서 성장한다. 목적의식이 있는 설교계획은 성도들에게 듣기 좋은 말만 하는 것이 아니라 그들에게 필요하고 적합한 말씀이 무엇인지 심사숙고하는 것이다. 또한 우리는 진리의 말씀을 담대하게, 그리고 은혜와 사랑으로 전해야 한다.

성도들이 말씀을 사모하도록 도우라

예수 그리스도의 제자는 하나님의 말씀을 사모해야 한다. 시편 저자는 말했다. "내가 주께 범죄하지 아니하려 하여 주의 말

씀을 내 마음에 두었나이다"(시 119:11). 하나님의 말씀은 가르
침의 근본으로, 성숙이라는 목표로 성도를 가르치며 바르게 한
다(딤후 3:16-17). 모든 설교는 넓은 범위에서 하나님의 구원 사
역에 포함된다. 설교를 통해 성경적 가르침과 신학적 가르침이
모두 이루어진다. 우리는 성도들이 설교 본문과 광범위한 하나
님의 사역 사이에 어떤 관련이 있는지 이해하기를 원한다.

　루이 14세 왕실의 사제 존 클로드는 설교의 이러한 측면을
잘 이해하고 있었다. 이는 그가 1788년에 남긴 저서에 잘 나타
나 있다.

　어떤 이들은 설교가 성경 이해에만 초점이 맞추면 된다고 생각한
다. 그래서 긴 본문을 선택한 뒤 거기에 자신의 생각 몇 가지를 조
금 덧붙여 의미를 전달하는 것으로 만족한다. 하지만 이것은 잘못
된 생각이다. 설교는 성경적인 의미만 전달하는 것이 아니라, 신학
을 전반적으로 설명하고 종교 전체의 의미를 요약하여 정리해주는
것이다. 너무 많은 내용을 전달하려고 하면 설교를 제대로 할 수 없
다. 나는 현재 많은 교회가 일반적으로 사용하는 방법이 가장 합리
적이며 설교의 목적에 가장 잘 부합한다고 생각한다. 누구든 주석
을 참고하면 말씀을 읽고 이해할 수 있다. 하지만 단순히 말씀을 이
해하는 데만 그친다면 설교의 본래 목적인 가르치고, 문제를 해결
하고, 의문에 답하고, 하나님의 지혜를 꿰뚫어보고, 진리를 수립하
고, 오류를 반박하고, 위로하고, 바르게 하고, 질책하고, 하나님께서

하신 위대한 일과 그분의 방법을 찬양하게 하고, 듣는 이들의 영혼을 열정으로 불타게 하며, 경건하고 거룩한 경지에 올려놓는 일에는 도달할 수 없을 것이다.[3]

해돈 로빈슨은 우리가 설교하는 본문에 문맥이 있다는 사실을 강조한다.[4] 좁은 의미로는 바로 앞뒤에 등장하는 구절과의 관계, 넓은 의미로는 성경 전체에서 그 본문의 위치를 뜻한다. 우리는 성도들이 창세기부터 요한계시록까지 모든 말씀을 이해하기 바라며, 우리가 하나님의 말씀을 사모하는 것만큼 그들역시 그렇게 되기를 원한다.

성도들이 영적으로 성장하도록 도우라

성도들이 설교를 듣고 만족했지만 가만히 앉아서 아무것도 하지 않는다면, 이는 우리가 설교를 준비한 목적에 어긋나는 일이다. 그것은 성숙이 아니다. 사도 바울이 에베소 성도들에게 이야기했듯이, 그리스도의 몸 된 교회는 다양한 사람이 모여 각자의 영적 은사로 서로를 도와 "하나님의 아들을 믿는 것과 아는 일에 하나가 되어 온전한 사람을 이루어 그리스도의 장성한 분량이 충만한 데까지 이르게"(엡 4:13) 해야 한다. 개인의 믿음이 성장할 때 교회 전체가 성장하고, 하나가 되며, 그들이 사랑하고 섬기는 그리스도의 모습을 닮아간다.

워렌 위어스비는 "사역은 하나님께서 우리를 사용하셔서 다른 이들의 믿음이 성장하고 주님 안에서 많은 열매를 맺을 수 있게 영적인 분위기를 만드는 것을 의미한다"고 강조했다.[5] 설교자가 제자훈련 중심의 설교를 하면 설교에 목적과 의도가 생긴다. 교회의 온 성도가 영적으로, 그리고 관계적으로 성장하는 데 참여한다. 설교자는 성도들의 성장과 성숙을 독려할 책임이 있으며, 성도들은 이에 순종하고 그리스도 안에서 성장하기 위해 노력할 책임이 있다. 그리고 성장은 전적으로 예수님께 달려 있다.

성도들의 삶에 영향을 끼치라

앞에서 설명했듯이, 목적이 있는 설교는 주일 아침 강단에만 국한되지 않는다. 목적이 있는 설교는 교회 전체의 비전 및 사역을 관통한다. 조너선 리먼은 '말씀 사역'이라는 표현이 "분명 강단에서 시작되지만 성도들이 하나님의 말씀을 서로 나눔으로써 교회 전체의 삶으로 이어져야 한다"고 지적하며 다음과 같은 의견을 제시했다. "하나님의 말씀은 반향실(反響室) 안에서 내는 소리처럼 벽을 타고 되울려야 한다. 교회 안에서 하나님의 말씀을 흡수하고 투영하는 것은 바로 사람들의 마음이다."[6]

이것이 바로 목적이 있는 설교다. 강단에서 시작하지만 그보다 훨씬 폭넓은 영향력을 갖는다. 설교자가 진심을 담아 제자훈련 중심의 설교를 하면 성도들의 삶이 성숙해질 것이며, 그 효과가 교회 전체에 유익한 영향을 끼칠 것이다.

극복해야 할 부정적인 생각들

제자훈련 중심의 설교를 하려고 할 때 여러 가지 의문이나 부정적인 생각이 떠오를 수 있다. 지금까지 이 책에서 제안한 내용에 대해서도 의구심이 들 수 있다. 예상되는 우려 사항들을 몇 가지 정리해보았다.

우리 교회는 안 된다

어쩌면 **제자훈련 중심의 설교계획이 우리 교회에서는 효과가 없을 거라고** 생각할지도 모른다. 물론 모든 교회는 자리한 곳이나 성도들의 구성 면에서 차이가 있다. 사람들은 인종, 사회적·경제적 지위, 나이를 비롯한 여러 면에서 매우 다양한 모습을 띠고 있다. 하지만 이런 상황과는 관계없이, 설교자는 성숙한 제자를 만들기 위한 계획을 세울 책임이 있다. 모든 목회자는 자신이 처한 상황에서 무엇을 선택하고 무엇을 바꿀 것인지 분별하기 위해 노력해야 한다.

나는 대학가의 한 교회에서 임시 목사로 사역한 적이 있다. 그 교회의 경우, 학생들은 재학 기간인 몇 년 동안만 교회에 출석했고, 졸업하면 곧바로 떠났다. 이런 일이 6개월마다 반복되었다. 하지만 교회 구성원의 잦은 변화에도 불구하고 교회의 중심을 구성하는 핵심 그룹이 항상 교회를 지켰다. 나는 그들을 사역의 중심에 두었다. 그 결과 특별히 학생들에게 초점을 맞춰 설교를 준비하지 않아도, 그들 역시 말씀 사역을 통해 많은 은혜를 누렸다. 이와 마찬가지로 군부대 또는 구성원의 이동이 잦은 기업 주변에 위치한 교회들도 목회자가 리더들과 함께 교회의 현주소를 파악하고, 영적 성장을 위해 기도하는 마음으로 올바른 방향을 설정할 수 있을 것이다.

교회의 규모는 영적 성장에 문제가 되지 않는다. 교회의 영적 상태를 평가할 때 규모는 아무런 영향을 미치지 않기 때문이다. 대형 교회도 있고 소형 교회도 있지만 사람들의 숫자는 중요하지 않다. 성도들이 영적으로 어느 수준에 있는지 파악해야 한다. 이를 알고 나면 교회가 나아가야 할 방향을 결정하는 데 도움이 된다. 그 후에 우리는 기도하는 마음으로 깊이 생각하고 의도에 맞는 계획을 세워 목표에 도달할 수 있는 길을 찾을 수 있다. 교회의 영적 수준을 잘 파악하면 목회자가 리더들과 함께 목적이 있는 설교계획을 세우는 데 큰 도움이 될 것이다.

시간 낭비일 뿐이다

어떤 설교자는 설교계획이 중요하다는 의견에 전혀 동의하지 않고, 이를 오히려 시간 낭비라 여긴다. 이들은 자신이 설교하기 원하는 본문을 이미 마음속에 정해놓고 성경을 통독하는 식으로 설교를 한다. 그러나 어느 저명한 설교자는 강력하게 주장했다. "설교 달력은 주제별로 설교하는 설교자들에게 유용하다. 무엇을 설교할지 고민하느라 말씀 공부에 투자해야 할

귀한 시간을 계획을 세우는 데 낭비해서는 안 된다."[7]

나도 이 의견에 반대하지 않는다. 일단, 강해 설교를 할지 주제 설교를 할지 결정하는 것은 설교계획의 일부에 불과하며, 이 책에서 제시한 내용을 따른다면 설교자는 오히려 매주 시간 낭비를 하지 않게 된다. 이미 그 주에 설교할 본문이 정해져 있다면, 설교하기 훨씬 전부터 체계적으로 말씀 공부를 할 수 있기 때문이다.

생각이 깊은 설교자라면 지금까지 내가 쓴 내용을 주의 깊게 살펴보았으리라 믿는다. 그리고 교회의 성도들이 그리스도의 모습을 더욱 닮아가는 과정에서 하나님께서 자신을 어떻게 사용하실 것인지 생각해봐야 한다는 사실을 깨달았을 것이다. 또한 이러한 점들을 미루어보면 목적이 있는 설교가 성도를 성숙의 단계로 이끌고, 고려해볼 만한 가치가 있으며, 분명 시간 낭비가 아니라는 사실을 알게 될 것이다.

계획을 세우기 어렵다

우리는 스스로 매우 바쁘다고 생각하거나, 반대로 아주 게으르다고 여겨 설교를 계획하지 않을 수 있다. 어쩌면 그저 계획하는 것이 싫어 피해버리는지도 모른다. 하지만 설교를 계획하는 것은 생각만큼 어려운 일이 아니다.

설교를 계획하는 방법에는 여러 가지가 있다. 어떤 설교자는 다음과 같이 조언했다.

주일 강단을 제자훈련의 기회로 활용하라

예를 들어 추수감사절 설교 한 편, 크리스마스 설교 한 편, 부활절 설교 한 편을 계획하는 것이 아니라 앞으로 5년 동안 할 수 있도록 각각의 설교를 다섯 편씩 준비하는 것이다. 이는 매년 특별한 절기에 같은 방법으로 설교하는 나쁜 습관을 버리게 해줄 뿐 아니라, 보다 폭넓고 균형적이며 깊이 있는 설교를 할 수 있게 해준다.[8]

이 주제를 두고 연구하는 동안 내가 읽은 모든 책과 글은 예외 없이 준비의 중요성을 강조했다. 설교를 계획하는 것은 설교자와 성도 모두에게 유익한 일이다. 물론 어떤 설교자들은 막판에 준비한 설교 역시 듣는 이들에게 동일한 유익을 가져다주고, 심지어 미리 계획한 설교보다 성도들에게 더 큰 도움을 준다고 생각할 수 있다.[9] 그러나 설교계획이 설교자와 성도들에게 유익을 준다는 사실만 중요한 것은 아니다. 핵심은 목적이 있는 설교계획이 왜 중요한지를 파악하는 데 있다. 설교의 목적은 성숙한 제자를 만드는 것이기 때문이다. 우리는 예수 그리스도의 모습을 닮아가는 성도의 모습을 보기 원한다(롬 8:29; 고전 15:49; 고후 3:18; 골 1:28-29, 3:10). 이것이 성숙이다.

설교를 계획하는 것은 무척 중요하다. 무엇보다 '목적이 있는 설교계획'을 세우는 것이 최선이다.

하나의 프로그램일 뿐이다

어떤 설교자는 설교를 미리 계획하는 것이 교회의 프로그램

중 하나에 불과하다고 생각한다. 여기서 한 가지 명확하게 해 두고 싶다. 설교계획은 이미 프로그램으로 포화 상태에 이른 교회에 단지 프로그램 하나를 더 추가하는 것이 아니다. 제자훈련 중심의 설교계획은 방향성을 설정하는 것이다. 교회의 수많은 프로그램을 새로운 방향으로 설정하도록 설교자들의 마음을 움직이는 방법이다. 우리가 설교하는 이유, 그리고 제자훈련에 대한 건강한 이해는 설교의 방향을 바꿔줄 뿐 아니라 교회가 실행하는 프로그램들이 어떻게 제자들을 성숙하게 훈련시키고 있는지 재평가하게 해준다.

제자훈련 중심의 설교가 하나의 프로그램이 아닌 사역의 방향을 설정하는 일인 만큼, 제자도에 관한 시리즈 설교만으로는 교회 안에 큰 변화를 가져올 수 없다. 우리가 왜 사역을 하는지 다시 생각해볼 필요가 있다. 우리는 사람들을 그리스도의 제자로 만들기 위해 사역한다.

사역의 다양성이 부족해진다

제자훈련을 중심에 두고 설교한다는 것이 모든 설교가 동일한 주제와 방식으로 이루어져야 한다는 뜻은 아니다. 오히려 그 반대이다. 설교는 넓은 의미로 볼 때 성도들을 영적 성숙으로 이끌기 위한 사역이다. 모든 설교의 장기적인 목표는 영적 성숙을 가져오는 것이지만, 모든 설교가 똑같을 필요는 없다. 또한 제자훈련 중심의 설교가 지루하거나 따분한 것도 아니다.

주일 강단을 제자훈련의 기회로 활용하라

성경에 뿌리를 두고 있고, 듣는 이들의 상황과 밀접한 관련이 있기 때문에 오히려 더 역동적이다.

앞에서 언급했듯이 제자훈련 중심의 설교는 성도들의 영적 성숙도를 주의 깊게 관찰한 뒤 그에 맞게 달라진다. 이를 통해 우리는 주님께서 원하시는 곳으로 성도들을 이끌 수 있게 된다.

성령의 역사에 민감하게 반응할 수 없다

우리는 기도와 계획에 많은 시간을 내면서도 성령의 역사에 민감해져야 한다. 교회, 지역사회, 국가, 또는 우리가 관심을 가져야 하는 곳에서 큰 변화가 생겨나고 있을지 모르기 때문이다. 그러므로 우리는 유연성을 가져야 한다. 워렌 위어스비는 충고했다. "본문과 주제를 미리 정해 계획을 세운다고 해서 주님께서 그 순간에 필요한 다른 본문을 제시해주실 수 없다는 뜻은 아니다."[10] 우리는 성령의 인도하심에 따라 설교계획을 세워야 하지만, 매주 설교를 하면서도 성령께서 인도하시는 방향에 주의를 기울여야 한다.

다른 일에 신경 쓰지 마라

이 장의 앞에서 언급했던 "너는 말씀의 제사장이다. 그 외엔 신경 쓰지 마라"라는 구절은 우리가 설교하는 이유에 대한 중심을 지키게 해준다. 이는 강단에서 시작해 교회의 사역 전반에 걸쳐 드러나는 제자훈련이다. 우리는 양 떼를 인도하고 먹이는 목자들이다. 영국의 설교자 조웨트(J. H. Jowett)는 다음과 같은 말을 남겼다. "우리에게는 먹을 것을 찾아야 할 거룩한 의무가 있다. 양들은 목자에게 먹을거리를 거의 전적으로 의존한다. 우리는 먹을 것을 주어 굶주림을 막고 영양 부족으로 인한 약함, 빈혈, 질병을 예방해야 한다."[11]

우리는 조웨트가 말한 병폐들에 대해 제자훈련 중심의, 목적이 있는 설교계획으로 대응해야 한다. 설교를 듣는 이들이 영적으로 어느 수준에 있는지 파악하고, 그들이 다음 단계로 성장하도록 계획을 세워야 한다. 그렇게 한다면 당신의 교회는 하나님의 은혜와 사랑으로 그리스도 안에서 연합하며 성숙해질 것이다. 이것이 사도 바울이 골로새 성도들에게 바랐던 것이고, 우리 모두에게도 해당되는 말이라고 나는 믿는다.

그러므로 너희는 하나님이 택하사 거룩하고 사랑받는 자처럼 긍휼과 자비와 겸손과 온유와 오래 참음을 옷 입고 누가 누구에게 불만이 있거든 서로 용납하여 피차 용서하되 주께서 너희를 용서하신 것같이 너희도 그리하고 이 모든 것 위에 사랑을 더하라 이는 온전하게 매는 띠니라(골 3:12-14).

주일 강단을 제자훈련의 기회로 활용하라

예화나 사회적 병폐에 대한 재치 있는 진단 또는
이타적인 신문 사설에서 골라 모은 주제들만으로는 영적으로 성장할 수 없다.
사람에게는 빵이 필요하다!
_크레이그 스키너(Craig Skinner)

설교자는 성도들의 영적 성숙을 위해 의도적으로 계획을 세울
필요가 없다고 생각할 수 있다. "어차피 일어날 일이다"라고 주
장하는 사람도 있을 것이다. 왜 설교계획에 관한 책이 또 필요
하냐고 불평할 수도 있다. 몇 년 전에 앤드루 블랙우드의《연간
설교계획》(*Planning a Year's Pulpit Work*)이 출간되었을 때, 독자 중
한 명이 다음과 같이 탄식했다.

블랙우드 박사가 쓴《연간 설교계획》이라는 책의 제목을 봤을 때
처음 든 생각은, 이 책이 시대에 맞지 않고 비실용적이라는 것이었

다. 끊임없이 변화하고 날로 불안해지는 이 시대의 상황 속에서, 목회자가 한 해의 설교를 미리 계획하기를 기대한다는 것은 내가 보기에 불가능한 일이다. 다른 분야의 리더들은 하루 단위로 계획을 세워 일하고 있으니, 목회자들도 이와 같이 해야 한다.

하지만 책을 읽은 뒤 그의 생각이 바뀌었다.

이 책을 읽으며 저자가 제안한 방법과 그의 계획에 포함되어 있는 각 부분에 대해 학습했고, 나는 처음과 전혀 다른 결론을 내리게 되었다. 이보다 더 시의적절하고 실용적인 책은 없다. 사실 지금 같은 시대에는 꼭 필요한 책이다.[1]

블랙우드를 포함하여 설교계획에 관한 책을 쓴 수많은 사람은 분명 통찰력 있고 실제로 도움이 되는 제안을 했다. 하지만 이제는 설교계획에 관한 우리의 생각을 재정립할 필요가 있음을 느꼈고, 나는 이 책을 통해 그것을 강조했다. 성도들의 영적 성숙을 목표로 하나님의 말씀을 전하기 위해서는 목적이 있는 설교를 해야 한다.

한 목회자는 성도들을 위하여 설교를 계획할 때 제자훈련이 차지하는 역할이 무엇인지에 대한 질문을 받자, 이렇게 대답했다. "그들이 원하는 것보다 그들에게 필요한 것을 주어야 합니다. 그들이 원하는 것이 그들에게 필요한 것이 될 때까지요."[2]

주일 강단을 제자훈련의 기회로 활용하라

이것이 바로 지금까지 이 책을 통해 이야기한 내용의 핵심이다. 우리는 설교를 통해 성도들이 그리스도 안에서 성숙해지기를 원한다. 물론 그들이 성장통을 겪을 수는 있겠지만 하나님을 위해, 하나님께서 원하시는 수준으로 그들을 끌어올리기 위해 꼭 필요한 과정이다.

설교계획을 세우기 위한 새로운 접근법이 시급하게 필요하다. 미봉책은 없다. 제자훈련 중심의 설교는, 예수 그리스도를 따르는 모든 이가 영적으로 성장할 수 있게 도와주는 설교 철학을 고수하는 것이다. 설교계획은 목회자만을 위한 것이 아니다. 결국 설교자의 설교를 매주 듣는 성도들을 위한 것이다. 예수 그리스도의 제자들이 그리스도를 더욱 닮아갈 수 있게 도우려는 것이다. 우리에게 필요한 것은 제자를 세우라는 성경적 소명을 새롭게 다지는 것이다. 그리고 이는 바로 목적이 있는 설교를 통해 가능하다.

설교계획 길잡이

1. 기도하라.

2. 지난 세월 동안 당신이 섬기는 교회의 영적 상태가 어떠했
   는지 이해하라.

3. 부임 후 당신은 어떤 주제들로 설교하고 가르쳤는가?

4. 당신이 섬기는 성도들의 영적 상태를 표현한다면 어떤 단어
   들이 떠오르는가? 그 이유는 무엇인가?
   - 신생아기
   - 유아기
   - 아동기
   - 청소년기

- 청년기
- 중년기
- 노년기

5. 당신이 섬기는 교회가 어떤 성도들로 구성되어 있는지 아래 그림에 기록하라.

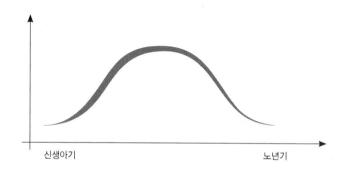

신생아기   노년기

6. 성도들을 영적으로 한 단계 더 성숙시키려면 무엇이 필요한가?

7. 설교자로서 어떤 필요들을 이해해야 하는가?
- 세계와 국가의 필요
- 지역사회의 필요
- 교회의 필요
- 목회적인 필요

8. 위에서 기록한 내용을 바탕으로 전반적인 사역의 목표를 기록하라. 목적 선언문의 양식에 맞춰 다음과 같이 적으라.

"나의 사역을 통해 성도들이 _____

_____

(어떻게 변화되고/무엇을 알아가고/실행하기를) 소망한다."

9. 위의 목표를 연간 목표로 나누어 목적 선언문 양식으로 적으라.

10. 다음 해 설교를 준비하라. 사역의 목표를 달성하기 위해 무엇을 어떻게 할 것인가? 다음 해의 목표를 목적 선언문 양식으로 기록하라.

"올해 나의 설교를 통해 성도들이 _____

_____

(어떻게 변화되고/무엇을 알아가고/실행하기를) 소망한다."

11. 달력, 빈 종이, 컴퓨터 프로그램 등을 사용하여 공휴일, 주요 행사, 휴가, 교육 연수, 교단 행사, 선교, 기타 특별한 행사 등을 기록하라.

주일 강단을 제자훈련의 기회로 활용하라

12. 다음 해의 목표를 달성하기 위해 설교계획을 세우고 시리즈 설교와 본문을 선택하라.

13. 시리즈 설교와 선택한 본문들 그리고 가능하면 설교 제목까지 달력에 표기하라.

14. 각 설교를 위한 폴더를 만들고 필요한 참고 자료를 모으라.

15. 기도하라.

2008년 3월, 존슨바이블 대학으로 강의를 하러 갔을 때 친절하고 따뜻하게 맞아준 데이비드 엔야트, 존 케츠, 다니엘 오버도프, 게리 위드먼 총장과 학생들에게 감사의 마음을 전합니다. 당시에 했던 강의는 이 책의 바탕이 되었습니다. 2010년 4월, 매사추세츠 주 사우스해밀턴에 위치한 고든콘웰 신학교에서 목양에 관한 강의를 하도록 허락해준 프랭크 제임스 교무처장에게도 감사드립니다. 2010년 10월, 노바스코샤 주 울프빌에 위치한 아카디아 신학교 목회학 박사과정 학생들과 브루스 퍼세트 학장에게도 깊은 감사를 전합니다. 2011년 4월, 노스이스턴 신학교 목회자 콘퍼런스에서 이 내용을 바탕으로 프레젠테이션을 할 수 있도록 기회를 준 교수진을 비롯하여 잭 코넬과 더그 컬럼에게도 감사드립니다.

자료 수집에 큰 도움을 준 존 프리켓과 크리스천 에릭슨에게도 감사드립니다. 이 책을 쓸 수 있도록 꾸준히 격려를 아끼지 않은 그랜트 부숄츠와 내게 항상 큰 힘이 되어준 폴 가드에게도 감사드립니다.

밥 호색과 베이커 출판사의 훌륭한 팀원들에게도 깊은 감사를 전합니다. 무엇보다 인내하고, 이해하고, 기다려준 것에 진심으로 감사드립니다. 처음에는 곧바로 집필에 뛰어들 준비가 되어 있지 않았습니다. 몇 년간 생각하고, 관찰하고 실험하고, 심사숙고하고, 읽고, 연구하고, 기도하는 시간이 필요했습니다. 덕분에 이 일을 처음 시작했을 때보다 지금이 사람들에게 더 큰 도움을 줄 수 있을 거라 확신합니다. 그리고 훌륭한 작업을 해준 편집부와 메리 웽거에게도 감사의 인사를 전합니다. 당신들이 생각하는 것보다 훨씬 더 감사하고 있음을 알아주기 바랍니다.

초고를 읽고 의견을 준 최우성, 토머스 하우겐, 그리고 매튜 킴에게 감사의 마음을 전합니다. 여러분의 도움은 세상과도 바꿀 수 없을 것입니다.

무엇보다 사랑하는 아내 론다에게 사랑과 감사를 전합니다. 당신은 언제나 나를 감동시킵니다. 당신을 만난 것은 하나님의 크신 복입니다.

워터타운 교회의 데이브 테르지안 장로, 존 테르지안 집사, 그리고 성도들에게도 감사의 인사를 전합니다. 이 책을 집필하면서 여러분께 헤아릴 수 없을 만큼 큰 도움을 받았습니다. 특별히 영적인 성숙으로 함께 나아가는 희망을 안고 설교계획을 세울 수 있도록 특권을 허락하신 것에 감사드립니다.

고든콘웰 신학교의 이사진에게도 말할 수 없이 깊은 감사의 마음을 전합니다. 교수들에게 안식년이 허락되지 않았다면, 이 책을 끝마칠 수 없었을 것입니다. 데니스 홀링거 총장, 프랭크 제임스 교무처장 그리고 캐롤 카민스키 학장에게도 감사의 인사를 전합니다.

이 책을, 그동안 내가 지도했고 다양한 경험을 나눌 수 있도록 하나님께서 허락하신 신학교 학생들, 곧 '나의 아들들'에게 바칩니다. 그 무엇과도 바꿀 수 없는 여러분을 믿음의 자녀, 형제라 부를 수 있어서 감사합니다. 제이컵 에이커스, 부 아널드, 톰 배커, 케이시 바턴, 케리 벤더, 랍 베레스, 채드 브라이언, 그랜트 부숄츠, 키스 캠벨, 짐 체셔, 최우성, 마이클 커티스, 존 다오, 에릭 다켄, 닉 개츠키, 빌 헤일리, 톰 하우겐, 폴 호프먼, 맷 킴, 패트릭 로우티안, 글렌 메이시, 마이크 메이지, 존 마이넨, 데릭 마두, 스티븐 냐카이루, 브래닌 피트레, 크리스 프리스타프, 크리스 라파지니, 토드 레지스터, 데릭 리첸버그, 에릭 러스, 스티븐 세바스티안, 켄 시가마츠, 토드 스메들리, 마이클 스펄락, 짐 틸, 앤디 티스데일, 앨렌 예, 유영기. 그리고 파트리샤 배튼, 여성이지만 당신 역시 나의 아들 중 한 명입니다.

저자와의 첫 만남은 고든콘웰 신학교에서 설교학(Th.M.)을 공부하던 2006년 가을 학기에 이루어졌다. 그는 설교학의 역사와 이론에 해박한 지식을 갖추었을 뿐 아니라, 목회 현장에서 매주 설교를 위해 씨름하는 설교자들의 마음을 세심하게 헤아려 주었다.

저자는 이 책에서 바쁜 일상에 쫓기는 이 시대의 설교자들이 성도들의 영적 상태에 걸맞은 설교계획을 체계적으로 세우고, 성도들을 그리스도의 제자로 훈련하는 데 도움을 주기 위하여 설교의 방향성을 제시하고 있다. 설교가 제자훈련의 역할을 해야 한다는 것은 어쩌면 당연한 생각일지 모른다. 하지만 제자훈련이라는 시각에서 설교계획을 세우는 설교자를 만나기란 쉽지 않다.

국제제자훈련원에서 이 책이 출간된다는 것은 매우 의미 있는 일이다. 고(故) 옥한흠 목사가 늘 강조한 것처럼 제자훈련은 단순히 방법론이나 프로그램이 아닌, 교회의 '목회 철학'이다. 프로그램이나 방법론은 시대에 따라 바뀌어도 목회 철학은 쉽게 변하지 않는다. 설교자들이 이러한 제자훈련 목회 철학을 가지고 설교한다면, 교회는 과연 어떤 모습으로 변하게 될까?

유명한 설교자보다 말씀에 순종하는 설교자, 시대의 흐름을 따르기보다 시대를 깨우는 설교자, 사람을 두려워하기보다 주님의 마음을 읽으려 노력하는 설교자, 세상을 사랑한다고 말하기 전에 한 영혼을 사랑할 줄 아는 설교자, 큰 목회를 꿈꾸기보다 한 영혼을 신실한 그리스도의 제자로 세우려는 설교자, 이것이 바로 제자훈련 목회 철학으로 무장하고 강단에 서는 설교자의 모습이다. 그리고 이 책이 추구하는 설교자의 모습 또한 그런 것이 아닌가 싶다.

최우성

1. 실제적인 설교신학이 필요하다

1 Augustine, *On Christian Doctrine*, InterVarsity NP-NF First Series, 2:574-597.

2 Joseph M. Stowell, "Preaching for a Change", in *The Big Idea of Biblical Preaching*, ed. Scott M. Gibson(Grand Rapids: Baker, 1998), pp.128-131. 이용주 옮김,《빅 아이디어 설교》(디모데, 2002).

3 Stuart Briscoe, "Planning a Preaching Menu", in *Mastering Contemporary Preaching*, by Bill Hybels, Stuart Briscoe, and Haddon W. Robinson(Portland: Multnomah, 1989), pp.45-46. 김진우 옮김,《현대 설교, 어떻게 할 것인가?》(햇불, 2002).

4 Charles Haddon Spurgeon, *Lectures to My Students: A Selection of Addresses Delivered to the Students of The Pastor's College, Metropolitan Tabernacle*(London: Passmore and Alabaster, 1887), p.92. 이용중 옮김,《목회 황제 스펄전의 목사론》(부흥과개혁사, 2005).

5 Lori Carrell, *The Great American Sermon Survey*(Wheaton: Mainstay Church Resources, 2000), p.29.

6 위의 책.

7 위의 책.

8 위의 책, p.30.

9 John A. Kern, *The Ministry to the Congregation*(New York: Wilbur B. Ketcham, 1897), p.404.

10 Hughes Oliphant Old, *The Reading and Preaching of the Scriptures in the Worship of the Christian Church: The Biblical Period*(Grand Rapids: Eerdmans, 1998), 1:173; Scott M. Gibson, "Missionary", *The New Interpreter's Handbook of Preaching*, ed. Paul Scott Wilson(Nashville: Abingdon, 2008), pp.465-469를 보라.

11 위의 책, p.123.

12 위의 책, pp.173-174; 행 2:14-41; 3:12-26; 7:1-53; 17:22-32을 보라.

13 위의 책, p.13.

14 위의 책, p.245.

15 William J. Carl III, *Preaching Christian Doctrine*(Philadelphia: Fortress, 1984), p.60 에서 재인용. 김세광 옮김, 《감동을 주는 교리 설교》(새세대, 2011).

16 위의 책, pp.60-61.

17 Hughes Oliphant Old, *The Reading and Preaching of the Scriptures*, pp.126-127, 236-238.

18 J. Grant Howard, *Creativity in Preaching*(Grand Rapids: Zondervan, 1987), p.50.

19 Sidney Greidanus, *The Modern Preacher and the Ancient Text*(Grand Rapids: Eerdmans, 1988), pp.124-125. 김영철 옮김, 《성경 해석과 성경적 설교》(여수룬, 2012).

20 위의 책, p.125.

21 George Miles Gibson, *Planned Preaching*(Philadelphia: Westminster, 1954), p.71.

22 위의 책, p.74.

23 Merrill R. Abbey, *Living Doctrine in a Vital Pulpit*(Nashville: Abingdon, 1964), p.43.

24 J. H. Jowett, *The Preacher: His Life and Work*(New York: Doubleday, Doran & Co., 1929), pp.76-77.

25 John Claude, *An Essay on the Composition of a Sermon*, 3rd ed., Trans. by Robert Robinson(London: T. Scollick, 1788), 1:5.

26 Andrew W. Blackwood, *Planning a Year's Pulpit Work*(Nashville: Abingdon, 1952), p.212.

27 Robert J. McCracken, *The Making of the Sermon*(New York: Harper and Brothers, 1956), p.19.

28 위의 책.

29 Harold T. Bryson, *Expository Preaching: The Art of Preaching through a Book of the Bible*(Nashville: Broadman and Holman, 1995), p.78.

30 Sidney Greidanus, *The Modern Preacher and the Ancient Text*, p.125. 김영철 옮김,《성경 해석과 성경적 설교》(여수룬, 2012).

31 Marshall Shelley, "Three Ways to Plan Your Preaching", *Leadership* 4, no. 2(Spring 1983), p.32.

32 Bryan Chapell, *Christ-Centered Preaching: Redeeming the Expository Sermon*(Grand Rapids: Baker, 1994), p.55. 김기제 옮김,《그리스도 중심의 설교》 (은성, 1999).

33 Walter Russell Bowie, *Preaching*(Nashville: Abingdon, 1954), p.63.

2. 다양한 설교계획 방법

1 Gail R. O'Day and Charles Hackett, *Preaching from the Revised Common Lectionary: A Guide*(Nashville: Abingdon, 2007), pp.3-5.

2 눅 24:44을 보라. 예수님은 제자들에게 모세의 율법과 선지서와 시편을 가리켜 자신이 진정한 그리스도임을 보여주신다. 데이비드 노링턴은 "1세기 전반까지도 유대인들이 지정된 성서정과를 소유했다는 증거를 찾아볼 수 없다"고 지적했다. David C. Norrington, *To Preach or Not to Preach?*(London: Paternoster, 1996), p.4를 보라.

3 Bard Thompson, ed., *Liturgies of the Western Church*(Philadelphia: Fortress, 1961), p.8.

4 O. Wesley Allen Jr., *Preaching and Reading the Lectionary: A Three-Dimensional Approach to the Liturgical Year*(St. Louis: Chalice, 2007), p.2.

5 위의 책, p.3.

6 William J. Carl Ⅲ, "Planning Your Preaching: A Look at the Lectionary",

Journal for Preachers 4, no. 3(Easter 1981), p.13.

7　위의 책, p.15; 교회 일치 운동을 지지한 성서정과 옹호자들에 대해 살펴보려면 Ronald E. Sleeth, *God's Word and Our Words: Basic Homiletics*(Atlanta: John Knox, 1986), p.106를 보라.

8　Stephen Farris, *Preaching That Matters: The Bible and Our Lives*(Louisville: Westminster John Knox, 1998), p.51.

9　Bryan Chapell, *Christ-Centered Preaching*, p.57. 김기제 옮김,《그리스도 중심의 설교》(은성, 1999).

10　Sidney Greidanus, *Preaching Christ from the Old Testament*(Grand Rapids: Eerdmans, 1999), p.16. 김진섭 옮김,《구약의 그리스도, 어떻게 설교할 것인가?》(이레서원, 2002).

11　위의 책.

12　Shelley E. Cochran, "The Christian Year and the Revised Common Lectionary: Helps and Hindrances to Worship Planners and Preachers", in *Preaching in the Context of Worship*, eds. David M. Greenhaw and Ronald J. Allen(St. Louis: Chalice, 2000), pp.65-66. 성서정과 사용에 대한 예시를 보려면 John H. Westerhoff Ⅲ, *Social Themes of the Christian Year: A Commentary on the Lectionary*, ed. Deiter T. Hessel(Philadelphia: Geneva, 1983), pp.17-19를 보라.

13　Paul Scott Wilson, *The Four Pages of the Sermon: A Guide to Biblical Preaching*(Nashville: Abingdon, 1999), p.129. 주승중 옮김,《네 페이지 설교》(WPA, 2006).

14　William J. Carl Ⅲ, "Planning Your Preaching", p.16.

15　Karl Barth, *Homiletics*(Louisville: Westminster/John Knox, 1991), p.94. 정인교 옮김,《칼 바르트의 설교학》(한들, 1999).

16　John R. W. Stott, *Between Two Worlds: The Art of Preaching in the Twentieth Century*(Grand Rapids: Eerdmans, 1982), p.215. 정성구 옮김,《현대 교회와 설교》(생명의샘, 2010).

17　Eugene L. Lowry, *Living with the Lectionary: Preaching through the Revised*

Common Lectionary(Nashville: Abingdon, 1992), p.11.

18 Stephen Farris, *Preaching That Matters*, p.47.

19 T. H. L. Parker, *Calvin's Preaching*(Louisville: Westminster John Knox, 1992), p.80. 김남준 옮김,《칼빈과 설교》(솔로몬, 2003).

20 Hughes Oliphant Old, *The Reading and Preaching of the Scriptures*, p.10.

21 Clarence S. Roddy, *We Prepare and Preach*(Chicago: Moody, 1959), p.72에서 재 인용.

22 John MacArthur Jr., *Rediscovering Expository Preaching: Balancing the Science and Art of Biblical Exposition*(Nashville: W Publishing Group, 1992), p.346. 김동완 옮김,《강해 설교의 재발견》(생명의말씀사, 2000).

23 Hughes Oliphant Old, "Preaching by the Book: Using the Lectio Continua Approach to Sermon Planning", *Reformed Worship* 8(Summer 1988), p.25.

24 T. H. L. Parker, *Calvin's Preaching*, p.79. 김남준 옮김,《칼빈과 설교》(솔로몬, 2003).

25 Gustaf Wingren, *The Living Word: A Theological Study of Preaching and the Church*(London: SCM, 1949), p.194.

26 위의 책 p.196에서 재인용.

27 Andrew W. Blackwood, *Planning a Year's Pulpit Work*, p.30.

28 A. Boyd Scott, *Preaching Week by Week*(New York: Richard R. Smith, 1929), p.83.

29 David Steel, *Preaching Through the Year*(Edinburgh: Saint Andrews, 1980), p.13.

30 D. W. Cleverley-Ford, *The Ministry of the Word*(Grand Rapids: Eerdmans, 1979), p.210.

31 Craig A. Loscalzo, *Apologetic Preaching: Proclaiming Christ to a Postmodern World*(Downers Grove: InterVarsity, 2000), p.122. 김명렬 옮김,《시대의 흐름을 알고 전도하라》(낮은울타리, 2001).

32. Ed Young, Andy Stanley et al., "What to Preach Next", *Leadership*, Winter 2002, pp.43-44.

33 Paul Beasley-Murray, *A Call to Excellence: An Essential Guide to Christian Leadership*(London: Hodder and Stoughton, 1995), p.102.

34   Harold T. Bryson, *Expository Preaching*, p. 60.

35   Robert S. Michaelsen, "The Protestant Ministry in America: 1850 to the Present", in *The Ministry in Historical Perspectives*, eds. H. Richard Niebuhr and Daniel D. Williams(San Francisco: Harper and Row, 1983), p. 281.

36   Lori Carrell, *The Great American Sermon Survey*, pp. 27-28.

37.   Martin Thielen, *Getting Ready for Sunday's Sermon: A Practical Guide for Sermon Preparation*(Nashville: Broadman, 1990), p. 17.

38   Walter L. Liefeld, *New Testament Exposition: From Text to Sermon*(Carlisle, Cumbria: Paternoster, 1995), p. 164.

39   Walter Russell Bowie, *Preaching*, pp. 33-34.

40   Robert J. McCracken, *The Making of the Sermon*, p. 17.

3. 무엇이 설교계획을 어렵게 하는가?

1   C. Neil Strait, "Plan Your Preaching", *Christianity Today*, June 1963, p. 10.

2   Edmund Jones, "The Pastor's Problems: V. Preparing the Weekly Sermon", *The Expository Times* 92(May 1981), p. 229.

3   다음을 보라. Haddon W. Robinson, ed., *Biblical Sermons*(Grand Rapids: Baker, 1989), p. 65. 김동완 옮김, 《성경적인 설교》(생명의말씀사, 1992). 로즈가 설교를 준비하는 시간(17~22시간)이 평범한 목회자들에게는 비현실적으로 보일 수 있다. 해돈 로빈슨의 책에 따르면 설교준비 시간은 평균 10시간 정도이다.

4   W. A. Criswell, "Preaching through the Bible", *Christianity Today*, December 1966, p. 22.

5   Harold L. Fickett Jr., "Preaching in Series", *Christianity Today*, October 1966, p. 37.

6   Horton Davies, *Varieties of English Preaching: 1900-1960*(London: SCM, 1963), p. 197.

7   다음을 보라. Bryan Chapell, *Christ-Centered Preaching*, p. 59. 김기제 옮김, 《그리스도 중심의 설교》(은성, 1999).

8   Gordon Stevens Wakefield, *Puritan Devotion: Its Place in the Development of Christian Piety*(London: Epworth, 1957), p.24.

9   Martin Thielen, *Getting Ready for Sunday's Sermon*, p.19.

10 Ed Young, Andy Stanley et al., "What to Preach Next", p.40.

11 C. Clifton Black, "Journeying through Scripture with the Lectionary's Map", Interpretation 56, no.1(January 2002), p.59.

12 The Haddon W. Robinson Center for Preaching at Gordon-Conwell Theological Seminary, "Sermon Planning Survey", November 2010.

13 위의 책.

14 Walt Kelly, *Pogo: We Have Met the Enemy and He is Us*(New York: Simon and Schuster, 1987).

15 Walter Russell Bowie, *Preaching*, p.34.

16 A. J. Gordon, "Homiletic Habit", *The Watchword* 11, no. 6(August 1887), p. 124.

17 Edwin H. Byington, *Pulpit Mirrors*(New York: George H. Doran, 1927), pp.26-30.

18 Kenneth L. Swetland, *The Hidden World of the Pastor: Case Studies on Personal Issues of Real Pastors*(Grand Rapids: Baker, 1995), pp.71-82.

19 William Hamilton(min. of Strathblane), *The Nature and Advantages of Private Social Meetings for Prayer: A Sermon Preached before the Glasgow Corresponding Society for Prayer, in St. David's Church, on the Evening of Thursday, April 9, 1835*(Glasgow: Maurice Ogle and Son, 1835), p.19. 이 책을 소개해준 데이비드 큐리(David Currie)에게 감사의 말을 전한다.

20 Haddon W. Robinson, "Competing with the Communication Kings", in *Making a Difference in Preaching*, ed. Scott M. Gibson(Grand Rapids: Baker, 1999), p.109. 김창훈 옮김,《탁월한 설교에는 무언가 있다》(솔로몬, 2009).

4. 영적 성숙을 위한 설교계획

1   The Haddon W. Robinson Center for Preaching, "Sermon Planning Survey."

2   Patrick Fairbairn, *Pastoral Theology: A Treatise on the Office and Duties of the Christian Pastor*(Edinburgh: T&T Clark, 1875), p.245를 보라. 글래스고에 위치

한 프리처치 칼리지 총장인 패트릭 페어반은 목회신학에 관한 자신의 저서에서 설교와 설교 본문 선택에 대해 "설교자는 자신이 처한 상황뿐 아니라 회중 전체에게 영적으로 어떤 유익을 줄 것인지 염두에 두어야 한다"고 지적했다.

3 Joe Carter and John Coleman, *How to Argue Like Jesus: Learning Persuasion from History's Greatest Communicator*(Wheaton: Crossway, 2009), p. 107.

4 Gordon MacDonald, "Leader's Insight: So Many Christian Infants", *Christianity Today*, October 1, 2007, http://www.christianitytoday.com/le/currenttrendscolumns/leadershipweekly/cln71001.html.

5 위의 책.

6 Leith Anderson, "Excellence in Preaching", *Christianity Today*, September 1982, p. 54.

7 William E. Hull, "Coordinating Preaching with Church Objectives", *The Christian Ministry* 17, no. 5(September 1986), p. 5.

8 Jonathan R. Wilson, *Why Church Matters: Worship, Ministry, and Mission in Practice*(Grand Rapids: Brazos, 2006), p. 87.

9 Rick Rouse and Craig Van Gelder, *A Field Guide for the Missional Congregation: Embarking on a Journey of Transformation*(Minneapolis: Augsburg, 2008), p. 65.

10 The Haddon W. Robinson Center for Preaching, "Sermon Planning Survey."

11 John Ortberg, "The 'We' We Want to Be", *Leadership*, Spring 2010, p. 21.

12 Kent R. Hunter, *Your Church Has Personality*(Nashville: Abingdon, 1985), p. 26.

13 R. W. Dale, *Nine Lectures on Preaching*(London: Hodder&Stoughton, 1896), p. 126.

14 Bryan Chapell, *Christ-Centered Preaching*, p. 55. 김기제 옮김, 《그리스도 중심의 설교》(은성, 1999). 또한 메릴 애비의 *Living Doctrine in a Vital Pulpit*, p. 39를 보라. 애비는 "계획된 콘티만으로도 설교자가 지나치게 즉흥적이고 감정적으로 복음을 전하는 것을 막을 수 있다"고 말했다.

15 Warren W. Wiersbe, *On Being a Servant of God*(Grand Rapids: Baker, 1993), pp. 45-46. 최용수 옮김, 《하나님의 일꾼과 사역》(CLC, 2013).

16 Mark Dever, *What Is a Healthy Church?*(Wheaton: Crossway, 2005), p.107.

17 Joseph M. Stowell, *Shepherding the Church: Effective Spiritual Leadership in a Changing Culture*(Chicago: Moody, 1994), p.255.

18 William Willimon, "Turning an Audience into the Church", *Leadership*, Winter 1994, p.34.

19 Thabiti M. Anyabwile, *What is a Healthy Church Member?*(Wheaton: Crossway, 2008), p.84. 송용자 옮김, 《건강한 교회 교인의 10가지 특징》(부흥과개혁사, 2010).

20 Robert Stephen Reid, "Faithful Preaching: Connecting Faith Stages with Preaching Stategies", in *Papers of the Annual Meeting of the Academy of Homiletics*, December 1997, pp.153-163를 보라. 로버트 스티븐 리드는 로버트 파울러(Robert Fowler)가 제시한 신앙의 성장단계모델에 대해 다음과 같이 말했다. "단계별 이론으로 회중의 신앙 단계를 측정하려는 시도는 무리가 따른다. 파울러의 연구는 한 공동체의 신앙을 단계별로 측정하기보다 이미 알고 있는 개인을 중심으로 신앙의 여정을 이해하기 때문이다. 파울러 본인도 개인이나 공동체의 신앙에 대해 '여러 이야기나 상징, 신념이나 삶을 간과한 채 신앙의 단계를 설명할 때 문제가 발생할 수 있다'고 인정한다. 그러나 완전히 극복할 수 없는 문제는 아니다. 파울러 역시 신앙의 성장단계모델을 공동체의 신앙을 포괄적으로 설명하는 데 사용하고 있다. 적어도 개인의 신앙이 믿음의 공동체에서 어떻게 자라는지 설명할 수 있다"(p.155). 또한 다음을 보라. Robert J. Keeley, "Worship and Faith Development", in *The Church of All Ages: Generations Worshiping Together*, ed. Howard Vanderwell(Herndon: Alban Institute, 2008), pp.35-53; James Fowler, *Stages of Faith*(San Francisco: Harper and Row, 1981). 사미자 옮김, 《신앙의 발달단계》(한국장로교출판사, 1987).

21 Gordon MacDonald, "Leader's Insight."

22 Skye Jethani, "Babies Are Us", *Leadership*, Spring 2010, p.5.

23 마 18:3; 눅 18:16을 보라.

24 Warren W. Wiersbe, *On Being a Servant of God*, p.46. 최용수 옮김, 《하나님

의 일꾼과 사역》(CLC, 2013).

25 위의 책.

26 잠 1:1-7을 보라.

27 출 22:22; 시 35:10; 68:5; 사 1:17; 행 9:32-43; 롬 15:26; 갈 2:10; 약 1:27
    을 보라.

28 눅 16:13; 딤후 3:2; 히 13:5; 벧전 5:2을 보라.

29 Andrew W. Blackwood, "Preparing for a Year of Pulpit Joy", *Christianity
    Today*, June 1962, p.16.

30 Stuart Briscoe, "Planning a Preaching Menu", pp.45-46.

31 Dallas Willard, *Renovation of the Heart: Putting on the Character of
    Christ*(Colorado Springs: NavPress, 2002), p.241. 윤종석 옮김, 《마음의 혁신》(복있
    는사람, 2009).

32 John R. W. Stott, *Between Two Worlds*, p.177. 정성구 옮김, 《현대 교회와
    설교》(생명의샘, 2009).

33 Charles Haddon Spurgeon, *Lectures to My Students*, p.74. 이용중 옮김, 《목회
    황제 스펄전의 목사론》(부흥과개혁사, 2005).

34 Gordon MacDonald, "Leader's Insight."

35 Ed Young, Andy Stanley et al., "What to Preach Next", p.41.

36 Merrill R. Abbey, *Living Doctrine in a Vital Pulpit*, p.41.

37 Stephen P. McCutchan, "Preaching as an instrument of transformation",
    Ministry, January 2001, p.12.

38 Mark Dever, *What is a Healthy Church?*, pp.108-109.

39 Jerome DeJong, "Preaching by the Calendar", *Moody Monthly 79*(October
    1978), p.145.

40 Millard J. Erickson and James L. Heflin, *Old Wine in New Wineskins:
    Doctrinal Preaching in a Changing World*(Grand Rapids: Baker, 1997), p.244. 이승
    진 옮김, 《건강한 교회를 위한 교리 설교》(CLC, 2005).

41 목회자가 성도들의 필요를 파악하기 위해 활용할 수 있는 설문지를 찾
    으려면 다음을 보라. Rick Ezell, *Hitting a Moving Target: Preaching to the*

Changing Needs of Your Church(Grand Rapids: Kregel, 1999). 민병남 옮김, 《설교, 변하는 청중을 사로잡으라》(생명의말씀사, 2004). 이 설문조사와 책의 내용은 대형 교회에 대해 약간의 편견이 있는 것으로 보인다.

42　Joseph M. Stowell, *Shepherding the Church*, p.282.

43　위의 책, p.281.

44　Charles Haddon Spurgeon, *Lectures to My Students*, p.92. 이용중 옮김, 《목회 황제 스펄전의 목사론》(부흥과개혁사, 2005).

45　J. Grant Howard, *Creativity in Preaching*, p.51.

46　Joseph M. Stowell, *Shepherding the Church*, p.283.

47　Walter L. Liefeld, *New Testament Exposition*, p.164.

48　Paul Rowntree Clifford, *The Pastoral Calling*(London: Carey Kingsgate, 1959), p.73.

49　Joseph M. Stowell, *Shepherding the Church*, p.67.

50　Michael J. Quicke, *360-degree leadership: preaching to transform congregations*(Grand Rapids: Baker, 2006), pp.119-120. 이승진 옮김, 《전방위 리더십》(CLC, 2009).

51　William F. Duckle Jr., "Planning a Year's Work", *The Pulpit*, September 1963, p.7.

52　Bryan Wilkerson, "Incremental Preaching", *Leadership*, Spring 2010, p.27.

5. 목적이 있는 설교계획

1　Henry Pietersma, "The Place of Preaching in the Christian Life", *Calvin Theological Journal* 21(April 1973), p.62.

2　Dallas Willard, "How Do We Assess Spiritual Growth? A *Leadership* interview with Dallas Willard", *Leadership*, Spring 2010, p.29.

3　In Greg L. Hawkins, Cally Parkinson, and Eric Arnson, *Reveal: Where Are You?*(South Barrington, IL: Willow Creek Resources, 2007), p.3. 김창동 옮김, 《발견》(국제제자훈련원, 2008).

4　위의 책, p.4.

5　Dallas Willard, "How Do We Assess Spiritual Growth?", p.29.

6   Philip D. Douglass, *What is Your Church's Personality?: Discovering and Developing the Ministry Style of Your Church*(Phillipsburg, PA: P&R, 2008), p.3.

7   Mariano Di Gangi, *Word For All Seasons: Preaching through the Christian Year*(Grand Rapids: Baker, 1980), p.9.

8   O. Wesley Allen Jr., *Preaching and Reading the Lectionary*, xi.

9   Phillips Brooks, *Lectures on Preaching*(London: Griffith, Farran, and Co., n.d.), p.91.

10   Walter Russell Bowie, *Preaching*, p.63.

11   Haddon W. Robinson, *Biblical Preaching: The Development and Delivery of Expository Messages,* 2nd ed.(Grand Rapids: Baker, 2001), p.21. 박영호 옮김,《강해설교》(CLC, 2008).

12   Walter Russell Bowie, *Preaching*, pp.124-125.

13   Bryan Chapell, *Christ-Centered Preaching*, p.51. 김기제 옮김,《그리스도 중심의 설교》(은성, 1999).

14   William J. Carl Ⅲ, *Preaching Christian Doctrine*, p.60. 김세광 옮김,《감동을 주는 교리 설교》(새세대, 2011).

15   다음을 보라. J.I. Packer and Gary A. Parrett, *Grounded in the Gospel: Building Believers the Old-Fashioned Way*(Grand Rapids: Baker, 2010), pp.75-94. 조계광 옮김,《복음에 뿌리를 내려라》(생명의말씀사, 2010). 이 책은 신앙 교육에 훌륭한 책이다.

16   위의 책, p.50.

17   Hughes Oliphant Old, *The Reading and Preaching of the Scriptures*, pp.173-180.

18   William J. Carl Ⅲ, *Preaching Christian Doctrine*, p.10. 김세광 옮김,《감동을 주는 교리 설교》(새세대, 2011).

19   Stephen Farris, *Preaching That Matters*, p.45.

20   Sarah Pulliam Bailey, "Practically Theological", *Christianity Today*, March 2010, p.28에서 재인용.

21   Craig A. Loscalzo, *Apologetic Preaching*, p.124. 김명렬 옮김,《시대의 흐름을 알고 전도하라》(낮은울타리, 2005). 굵은 글씨는 원저자가 강조한 것이다.

22   Chris Erdman, *Countdown to Sunday: A Daily Guide for Those Who Dare to Preach*(Grand Rapids: Brazos, 2007), p.43.

23   Charles Haddon Spurgeon, *Lectures to My Students*, p.87. 이용중 옮김,《목회 황제 스펄전의 목사론》(부흥과개혁사, 2005).

24   Ronald Allen, "Preaching and the Christian Year", in *Contemporary Handbook of Preaching*, ed. Michael Duduit(Nashville: Broadman, 1992), p.239.

25   위의 책, p.242를 보라. 또한 Cochran, "The Christian Year and the Revised Common Lectionary", pp.63-75를 보라. 코크런은 성서정과가 포괄적인 성경 말씀을 포함한다는 사실을 인정한다. 그러나 그녀는 "기독교 절기에 따라 만들어진 성서정과를 사용한다 해도 문제가 없는 것은 아니다. 예를 들면 성서정과는 본래 해석된 문서이다. 성경의 모든 부분을 포함하지 않고, 주어진 말씀이 기록된 성경의 각 권과 문맥적으로 관련이 없을 때가 많다. 아울러 성서정과는 인간의 산물이며 엮은이의 관심을 주로 반영한다. 또한 성서정과는 과거의 신학적인 논쟁에서 밀려난, 더 이상 받아들여지지 않거나 유효하지 않은 과거의 신학적 사상과 이해를 바탕으로 만들어졌다"(p.64)고 언급했다.

26   D. W. Cleverley-Ford, *The Ministry of the Word*, p.210.

27   Timothy S. Warren, "Can Topical Preaching Also Be Expository?", in *The Art and Craft of Biblical Preaching*, eds. Haddon W. Robinson and Craig Brian Larson(Grand Rapids: Zondervan, 2005), p.418. 이승진 옮김,《성경적인 설교 준비와 전달》(두란노, 2011).

28   Howard Chandler Robbins, *Preaching the Gospel*(New York: Harper and Brothers, 1939), p.15.

29   Stephen Farris의 *Preaching That Matters*, pp.44-46와 Hughes Oliphant Old 의 "Preaching by the Book", pp.24-25를 보라.

30   Hughes Oliphant Old, "Preaching by the Book", p.25.

31   Robert C. Anderson, *The Effective Pastor: A Practical Guide to the Ministry*(Chicago: Moody, 1985), p.179. 이용원 옮김,《목회학》(소망사, 2003).

32   Craig Brian Larson, "Getting the Most from the Sermon Series", in *The Art*

and Craft of Biblical Preaching, p.443. 이승진 옮김, 《성경적인 설교 준비와 전달》(두란노, 2011).

33   Harold T. Bryson, *Expository Preaching*, p.74.

34   Andrew W. Blackwood, *Planning a Year's Pulpit Work*, p.17.

35   Stephen Nelson Rummage, *Planning Your preaching: A Step-by-Step Guide for Developing a One-Year Preaching Calendar*(Grand Rapids: Kregel, 2002), p.199.

36   John Killinger, *Fundamentals of Preaching*(Philadelphia: Fortress, 1985), p.168. 곽주환 옮김, 《성도의 가슴에 말씀을 꽂으라》(진흥, 1997).

37   Stephen Nelson Rummage, *Planning Your preaching*, p.34.

38   Marshall Shelley, "Three Ways to Plan Your Preaching", p.30.

39   Harold John Ockenga, "The Metropolitan Pulpit", *Christianity Today* 4, March 1966, p.36.

40   George Miles Gibson, *Planned Preaching*, p.25.

41   John Killinger, *Fundamentals of Preaching*, pp.166-167. 곽주환 옮김, 《성도의 가슴에 말씀을 꽂으라》(진흥, 1997).

42   Bryan Chapell, *Christ-Centered Preaching*, p.57. 김기제 옮김, 《그리스도 중심의 설교》(은성, 1999).

43   David Beavers, "After the Riot: The Impact of a Public Crisis on Planned Preaching", in Papers of the 28th Annual Meeting of the Academy of Homiletics, December 2-4, 1993, Washington Theological Consortium, meeting at Georgetown University Conference Center, Washington, DC.

44   David L. Larsen, *The Anatomy of Preaching: Identifying the Issues in Preaching Today*(Grand Rapids: Kregel, 1989), p.88.

45   위의 책, p.86.

46   E. Eugene Hall and James L. Heflin, *Proclaim the Word! The Basis of Preaching*(Nashville: Broadman, 1985), p.105.

47   Katie Geneva Cannon, *Teaching Preaching: Isaac Rufus Clark and Black Sacred Rhetoric*(New York: Continuum, 2002), p.76.

48   사고 단위에 관한 논의는 다음을 보라. Haddon W. Robinson, *Biblical*

Preaching, pp.54-56. 박영호 옮김,《강해설교》(CLC, 2008).

49　설교자가 설교를 평가하는 데 도움이 될 만한 방법을 참고하려면 Keith Willhite, "Stop Preaching in the Dark(or: Gaining Feedback Isn't Enough)", *Preaching*, May/June 1996, pp.15-16를 보라.

50　Lori Carrell, *The Great American Sermon Survey*, p.30.

6. 제자훈련 중심의 설교를 위한 지침

1　Ben Patterson, "Why the Sermon?", *Leadership*, Summer 1984, p.120.

2　Jonathan Leeman, *Reverberation*(Chicago: Moody, 2011), p.142.

3　John Claude, *Essay on the Composition of a Sermon*, p.5.

4　Haddon W. Robinson, *Biblical Preaching*, p.21. 박영호 옮김,《강해설교》, (CLC, 2008).

5　Warren W. Wiersbe, *On Being a Servant of God*, p.47. 최용수 옮김,《하나님의 일꾼과 사역》(CLC, 2013).

6　Jonathan Leeman, *Reverberation*, p.24.

7　John MacArthur Jr., *Rediscovering Expository Preaching*, p.346. 김동완 옮김, 《강해 설교의 재발견》(생명의말씀사, 2000).

8　Ilion T. Jones, *Principles and Practice of Preaching*(London: Independent, 1958), p.247. 정상복 옮김,《설교의 원리와 실제》(생명의말씀사, 1986).

9　W. E. Sangster, *Power in Preaching*(Nashville: Abingdon, 1958), p.54.

10　Warren W. Wiersbe, *The Dynamics of Preaching*(Grand Rapids: Baker, 1999), p.55. 고영민 옮김,《역동적 설교》(엘맨, 2001).

11　J. H. Jowett, *The Preacher*, p.76.

맺음말

1　W. W. Peele, review of Blackwood, *Planning a Year's Pulpit Work*, in *Religion in Life* 12, no. 5(Summer 1943), pp.461-462.

2　The Haddon W. Robinson Center for Preaching, "Sermon Planning Survey".

국제제자훈련원은 건강한 교회를 꿈꾸는 목회의 동반자로서 제자 삼는 사역을 중심으로 성경적 목회 모델을 제시함으로 세계 교회를 섬기는 전문 사역 기관입니다.

주일 강단을
제자훈련의 기회로 활용하라

초판 1쇄 인쇄 2014년 10월 31일
초판 1쇄 발행 2014년 11월 7일

지은이 스콧 깁슨
옮긴이 최우성

펴낸이 박주성
펴낸곳 국제제자훈련원
등록번호 제2013-000170호(2013년 9월 25일)
주소 서울시 서초구 효령로 68길 98(서초동)
전화 02)3489-4300 **팩스** 02)3489-4329
이메일 dmipress@sarang.org

ISBN 978-89-5731-682-5 03230